CYMRAEG EFO FFRIND

Hunan-gyhoeddwyd gyda hawlfraint
© 2021 gan Stephen Rule

Cedwir pob hawl. Ni chaniateir ailgyhoeddi neu ddefnyddio unrhyw ran o'r llyfr hwn mewn unrhyw fodd heb ganiatâd perchennog yr hawlfraint ar wahân i ddyfyniadau mewn adolygiad llyfr. Am ragor o wybodaeth, cyfeiriad e-bost: stecymru14@gmail.com.

Argraffiad llyfr / e-lyfr cyntaf: Awst 2021

ISBN: 9798531490421

Dyluniad y clawr gan Angharad Rule

Self-published and copyrighted
© 2021 by Stephen Rule

All rights reserved. No part of this book may be reproduced or used in any manner without written permission of the copyright owner except for the use of quotations in a book review. For more information, email address: stecymru14@gmail.com.

First paperback / e-book edition: August 2021

ISBN: 9798531490421

Cover design by Angharad Rule

OTHER BOOKS BY STEPHEN OWEN RULE

WELSH AND I:

A collection of thoughts and ideas from

a guy whose life got changed by a language

ISBN: 9798669438609

CELTIC QUICK-FIX:

Learn the Celtic

languages quickly

ISBN: 9798585857645

THE FORGOTTEN CIRCLE:

A novella some 4,000 years in the making. Follow Lewis

and Elcu as they attempt to comprehend ancient powers.

ISBN: 9798704158080

THE SUREXIT SECRET:

Can Mabon discover the mystery of one of the

oldest pieces of written Welsh before it's too late?

ISBN: 9798711837435

GEIRIADUR CYMRAEG-SESOTHO BUKANTSWE:

Geiriadur Cymraeg-Sesotho

cyntaf o'i fath erioed

ISBN: 9798717163989

SAVING CAERWYDDNO:

A drunkard neglecting the sluces before a storm, or two time-travelling

girls realising their part in one of the biggest disasters in Welsh mythology?

Release date: TBC   ISBN: 9798717273046

NOD Y LLYFR
| Aim of the Book

This book represents a process; the very epitome of language learning itself. It is laid out in a format so as to arm you with useful phrases straight away, and at the same time sticks to the way we aquire language naturally and natively as children.

It is hoped that by the time you've completed the book having followed the designated process, you'll be equipped with the tools to build your own language around how you choose to use Cymraeg yourself.

The dialect used in this book is northern Welsh; specifically and largely the north eastern variant. It's worth pointing out, however, that you'll always be understood by any Welsh speaker regardless of their own dialect. I've tried to include some cross-dialect language too so that your own native words will shine through when you get to use your language.

Finally, and perhaps most importantly, don't dwell on spelling hiccups or missed mutations; that's really not important and I promise you'll always be understood regardless. With this in mind, get out there and use it. Much like you can 'cancel' any transaction at an ATM after deciding to use the Cymraeg option because suddenly got worried you were about to withdraw £300 when you only wanted a tenner, you can always revert back to English if you feel overwhelmed. In this case, the fact that all Welsh speakers can also converse in English is a blessing. Keep trying, and you'll find that your reliance on English will lessen each and every time you have a chat yn Gymraeg.

LLE DDAETH Y SYNIAD
| Where the idea came from

Language learning takes time and effort; it's as simple as that; there's no getting around it. Modern and 'fun' ways of learning will only get you so far – as many people experience with fantastic sites like Duolingo, Clozemaster and Memrise. But there's no 'quick-fix', and this has to be appreciated.

I will never claim that this book will teach the whole of the Welsh language and it should not be viewed as such. In addition, readers wishing to get the most out of this book must wholly commit to doing the 'leg work' and be ready to struggle as much as enjoy the process. Any other means – no matter your resource(s) of choice – will require this.

The idea for this book derived from multiple, fantastic sources. The playful nature of Duolingo, the scaffolding process of SaySomethingInWelsh, and the self/paired-testing from successful practice I've picked up throughout my years teaching the language to high school children and adults alike.

Anyone who has tried Duolingo, fought their way through SSIW, or had some education in the Welsh language will be the first to admit that, as good as all these resources and experiences are/were, they only get you so far. This book is no different, but I hope it will fill in some of the blanks missed out by other resources.

IT IS IMPERATIVE THE READER READS THESE INSTRUCTIONS BEFORE STARTING THE BOOK!

SUT I'W DDEFNYDDIO
| How to Use

Before I began my degree in Welsh, I was under no illusions that my A Level in the subject did not equip me with enough language to go out into the wild use it – admitting that nerves and a lack of confidence also played a part. By the time I was in the university, the whole area was a world of difference from my hometown and presented a lot more opportunities for me to use the language. From meeting native speakers and confident learners, to people on the street and my future wife, having others with whom I could use the language was the final key on my road to fluency. With this in mind, the successes of using other people – fluent or not – to aid in the language learning process was at the forefront of my mind when compiling both the ideas and content of this book.

By bringing one's learning into the real world – yet still learning at the same time – my hope (and belief) is that learners will be better equipped and sufficiently confident to make the final leap in language acquisition to use their Cymraeg in the wild.

Y RHEOLAU
| The Rules

Step 1) Find a partner

Your partner can be anyone; a friend, your actual partner, a child, a parent... *anyone*! They can already be a Welsh speaker, a Welsh learner, or even someone who has zero interest or desire in learning the language. Just someone who's happy to be along side you and to *test* you whenever you feel like it.

Step 2) Decide who'll be the 'learner' and who'll be the 'teacher'

Don't worry too much about this. As you'll see in later steps, these rôles swap and change a lot.

Naturally, the person who is most keen to acquire the language should be the *learner* here. Having said that, this way of learning subtly encourages the *teacher* to attain as much language as the *learner*. In truth, mixing these rôles regularly is the most effective way.

Step 3) 'Teacher' starts

Open a countdown timer on your phone. My advice is to start at 2 minutes, but this can be ammended at the user's discretion.

Once the timer begins, the *teacher* will read out the Welsh terms – a phonetic guide is offered at all times throughout – and wait for the *learner* to reply with the correct English translation.

If the *learner* takes more than, say, 5 seconds to respond, the *teacher* then says the correct translation before returning to the start of the list and beginning with testing again. In similar fashion, should the *learner* get a translation wrong or admits they're unsure of the answer, the *teacher* returns right back to the beginning of the list. It's really important that the correct answer is given before starting at the list again otherwise the *learner* will keep getting stuck there!

If the *learner* gets to the end of the list in the alotted time, once again return to the start and continue until the timer ends.

There's no 'letting the *learner* off' if they got to the penultimate term and forgot the answer... back we go to the start. It all sounds a bit brutal, but I promise it works. It is, however, important to know that some translations given by the *learner* may also be acceptable. I'll leave that to how 'nice' you're feeling!

Step 4) Swap over

After completing a list, the most effective way to secure learning is to reverse the rôles. The *learner* now takes the book and becomes the *teacher*, et vice versa.

My suggestion is that a shorter countdown, say 90 seconds – rather than 2 minutes – is placed on the timer this time as the *teacher* will have inevitably taken in plenty of language through the act of teaching.

Follow the guidance in *Step 3)* and work through the list again.

Step 5) Mix it up

Before shifting on to a new section, you can strengthen your learning by having the *teacher* read out the English terms for the *learner* to say the Cymraeg instead.

You can even make up a quick test after each round by choosing random words from anywhere in the list. Now *that*'s brutal!

Step 6) Enjoy it

Easier said than done, right?

Not really!

Please rest assured that the feedback I've received for learning in this manner is almost always positive and, with a bit of bravery out in the wild, you'll find yourself able to recall phrases far more swiftly and effectively when using your Cymraeg.

CWESTIYNAU
| Questions

I don't have a consistent partner with whom I can work.

Finding a partner can often be the most difficult part of this whole process. That said, and despite the title of the book itself, this does not mean this book isn't for you. Some people might struggle to find someone who's willing to go through the whole process with you – or who stops halfway through! – and that's understandable. Rest assured, there's a simple solution.

As much as learning with a partner can be a really effective way to learn anything, as I've said it's not essential with this book. Instead of testing one another, your friend can simply be a piece of paper used to cover each translation as you test yourself to success; sliding the covering sheet down as you recall the phrases.

Once you've smashed translating English, swap over and complete the list translating into Cymraeg. Once again, cover the list with a piece of paper or get a buddy just to help you test yourself when you/they can.

Some words are mutated and I don't know why.

Mutations occur in many languages – even English – but Cymraeg is notorious. This book will not teach you what causes a mutation or even which letters change in each occasion. Whereas I've used mutations correctly, no mention is made as to the reasons why. This is intentional.

Honestly, don't worry too much about grammar, mutations, constructions, and conjugations etc. Just enjoy the ride and I promise you'll pick up the grammatical nuances of Cymraeg as you go along. Knowing this stuff should not be, and, in truth, is never, a barrier to acquiring enough language to use in the wild.

I don't know any of the words and I keep getting them wrong!

Good! That's the beauty of this book.

It really doesn't matter whether you're starting out with a basis in Welsh or from total scratch. The more you get wrong, the more the language is scaffolded and built upon. Ironically, someone guessing something correctly and jumping ahead has less chance of truly learning said term/phrase than someone who's had to go back and do it five or six times.

Embrace the learning and stay motivated. This book, as I've mentioned, is no quick-fix. What it is, is an aid to those dedicated enough to genuinely want to succeed in acquiring Welsh.

What's the deal on jumping ahead?

People come to Welsh with varying levels of knowledge, attitude, and confidence. It is hugely likely that one person may pick up this book having never encountered the language before, where another might be looking to reconnect with the language for confidence even though their entire childhood education was through the language.

Whereas it might be easy to jump between lessons, my advice is to follow each one as they are arranged in the book. This is because some terminology is only introduced in early lessons and later lessons take for granted that the term has been learnt by the user. Having said that, it's your book. Do what works for you.

There is absolutely no shame in re-doing lessons if you feel you've not taken in as much as you'd have liked, or the sentences aren't sticking in your mind as well as others. Nor must it be forgotten that re-doing lessons vastly improves the chances of preserving and maintaining their content.

Once again, this book is NOT a quick-fix. For some, this book may become a lifetime companion. We never stop learning any language, be they our mother tongue or our fourth.

Which dialect is this?

My now-native dialect is that used in north-eastern Wales – a northern variant of the Powyseg dialect. It extends from Wales' north-eastern border, following the coast as far as western Conwy, as far south as Llanfyllin, and as far west as Y Bala.

With the large movement of speakers making a home in all different parts of Wales, you're likely to hear varying dialects wherever you are. It's important to recognise that speakers encourage learners to learn the dialect local to them as that's the one they're more likely to hear in the wild.

This doesn't mean, however, that comprehension of other dialects is more difficult after using this book. Just like how someone from Liverpool can understand a native of California when both are speaking English, so too can speakers of dialects from all parts of Wales understand one another – no matter the scale of variation in words/phrases.

I have chosen to stick to my local dialect because it's phonography is more closely akin to that of English than in other dialects of Welsh and, well, it's *my* book so…!

For those worried this book will teach them a dialect that's non-native to them, take solace in the fact that it only took me a year-or-so of speaking naturally for my university-acquired, mid-western dialect to transform into north-eastern Welsh. So too will your 'twang' evolve into the dialect around you.

Am I pronouncing things correctly?

Whereas it's true that slight deviations in pronunciation will rarely render your Welsh-speaking counterpart to not understand you, people naturally crave 'perfection' when speaking a language. Despite hardly being necessary, it is totally understandable.

I have offered a pronunciation guide with each any every word/phrase throughout this book which are aligned with how the word might be pronounced as an English speaker might say them. Inevitably, I've had a few people who've read this book as fluent Welsh speakers disagree with my guide, but the vast majority both accept my recommendations as well as comprehend that there's no simple fix when asking a native Germanic-language speaker to pronounce words in a language from the Celtic family.

I ask that users of this book maintain a confidence that, despite the plethora of accents and dialects present in the Welsh language, rarely will they be misunderstood by anyone should they follow my guide.

Seeing as I resisted to urge to explain every pronunciation using the International Phonetic Alphabet – preferring to use sounds in English to clarify the sounds – I've compiled a few points on how I'm saying the words.

A few things to note are my use of double vowels [aa] to denote an elongated sound, single vowels [e] to represent shorter sounds, and a 'h' [oh] to also show a shorter vowel sound. The latter example should be read as /ɔː/ (as in *pop*), rather than the English exclamation, 'oh!'

Syllables are defined and separated using a hyphen [-].

I have capitalised the 'll' [LL] sound to remind users to employ the voiceless alveolar lateral fricative /ɬ/ – as seen in words like 'Llangollen' – which I'd display phonetically as 'LLan-goh-LLen. This is also the case for the 'ch' /x/ sound, written here as [CH].

Showing the difference between a voiced and voiceless 'th' sound – DD and TH respectively in Welsh orthography – was a challenge. I have decided to express the voiceless 'th' sound (as in 'three' in English) as lowercase [th], and the voiced variant 'dd' (as in 'this' in English) as uppercase [TH] in my guide.

With all this in mind, finding a 'buddy' who already possesses a decent knowledge of Welsh pronunciation will clearly be more effective than relying solely on my guides.

I'm seeing a lot of apostrophes. What's that about?

Just like in English, apostrophes are used largely to denote missing or omitted letters or sounds. In fact, the Welsh word for *apostrophe* is **collnod**; which means 'missing character/letter.'

Welsh tends to link up short particles and articles (like **yn** and **y(r)**) to any vowel preceding them and, as you can imagine, this happens rather frequently in a language with seven vowels!

We also drop letters, well, wherever we feel like it, too – especially in spoken language. As this book aims to teach such language, you'll notice a lot of them in here.

Don't let them bother you; just work through this book and you'll acquire the more common versions of modern terms. For those wishing to push themselves, why not ask native speakers about the literary (aka *posh*) terms from which they derive?

Uned Un - *Unit One*

In unit one you'll learn about asking for stuff. You can use a dictionary to find words for asking for other things, but there's plenty here to get you started. We're also introduced to **'R** (*the*) here. We'll note how it can adapt later.

1	**Ga' i**	gaa ee	*I'll get, I'll have*
2	**Ga' i?**	gaa ee	*May I? / May I have?*
3	**Diod**	dee-od	*A drink*
4	**Diod oer**	dee-od oy-er	*A cold drink*
5	**Diod poeth**	dee-od poy-th	*A hot drink*
6	**Ga' i ddiod?**	gaa ee TH-ee-od	*May I have a drink?*
7	**Cacen**	ka-ken	*A cake*
8	**Cacen siocled**	ka-ken shok-led	*A chocolate cake*
9	**Ga' i gacen**	gaa ee ga-ken	*I'll have a cake*
10	**Ga' i gacen siocled?**	gaa ee ga-ken shok-led	*May I have a chocolate cake?*
11	**Hwnna**	hun-nah	*That*
12	**Ga' i hwnna?**	gaa ee hun-na	*May I have that?*
13	**'r**	er	*The*
14	**Ga' i'r**	gaa ee-er	*May I have the*
15	**Ga' i'r gacen?**	gaa ee-er ga-ken	*May I have the cake?*
16	**Ga' i'r diod?**	gaa ee-er dee-od	*May I have the drink?*
17	**Ga' i'r siocled?**	gaa ee-er shok-led	*May I have the chocolate?*
18	**Ga i'r gacen siolcled?**	gaa ee-er ga-ken shok-led	*May I have the chocolate cake?*
19	**Ga' i hwnna**	gaa ee hun-nah	*I'll have that*
20	**Ga' i ddiod oer**	gaa ee THee-od oy-er	*I'll have a cold drink*

Uned Dau - *Unit Two*

Unit two introduces the conditional tense; *would*. This one's used commonly in Welsh and is another good way of asking for things.

1	'Swn i'n	sun een	*I would (be)*
2	Licio	lik-yoh	*To like*
3	'Swn i'n licio	sun enn lick-yoh	*I'd like*
4	Hwnna	hun-nah	*That*
5	'Swn i'n licio hwnna	sun een lik-yoh hun-na	*I'd like that (one)*
6	'Swn i'n licio cacen	sun een lik-yoh ka-ken	*I'd like (a/some) cake*
7	'Se ti'n?	seh teen	*Would you (be)?*
8	'Se ti'n licio?	seh teen lik-yoh	*Would you like?*
9	'Se ti'n licio cacen?	seh teen lik-yoh ka-ken	*Would you like (a/some) cake?*
10	'Se ti'n licio hwnna?	seh teen lik-yoh hun-nah	*Would you like that?*
11	'Swn i'n licio diod oer	sun een lik-yoh dee-od oy-er	*I'd like a cold drink*
12	'Se ti'n licio cacen a diod oer?	seh teen lik-yoh ka-ken aa dee-od oy-er	*Would you like (a/some) cake and a cold drink?*
13	'Swn i ddim yn	sun ee THim un	*I wouldn't (be)*
14	'Swn i'm yn	sun im un	*I wouldn't (be)*
15	'Se ti'm yn	seh tim un	*You wouldn't (be)*
16	'Swn i'm yn licio	sun im un lik-yoh	*I wouldn't like*
17	'Swn i'm yn licio hwnna	sun im un lik-yoh hun-nah	*I wouldn't like that*
18	'Se ti'm yn licio hwnna	seh tim un lik-yoh hun-nah	*You'd like that*
19	'Se ti'm yn licio cacen	seh tim un lik-yoh ka-ken	*You wouldn't like (a/some) cake*
20	'Swn i'm yn licio diod	sun im un lik-yoh dee-od	*I wouldn't like a drink*

Uned Tri - *Unit Three*

This and that... super important phrases for those who are brave enough to use their Welsh out in the wild for the first times – especially in shops. Having said that, this stuff's useful anytime:

1	Y(r)	er	The
2	Yma	uh-mah	Here
3	Yna	uh-nah	There
4	Y(r) ___ 'ma	er ___ mah	This ___
5	Y(r) ___ 'na	er ___ nah	That ___
6	Y gacen 'ma	er gah-ken mah	This cake
7	Y gacen 'na	er hah-jen nah	That cake
8	Y diod 'ma	er dee-od mah	This drink
9	Y diod 'na	er dee-odd nah	That drink
10	'Se ti'n licio?	seh teen lik-yoh	Would you like (a)?
11	'Se ti'n licio'r gacen 'na?	seh teen lik-yohr ga-ken nah	Would you like that cake?
12	'Se ti'n licio'r gacen 'ma?	seh teen lik-yohr ga-ken mah	Would you like this cake?
13	'Se ti'n licio'r diod 'na	seh teen lik-yor dee-od nah	You'd like that drink
14	'Se ti'n licio'r diod 'ma	seh teen lik-yor dee-od mah	You'd like this drink
15	Gweld	gweld	To see, seeing
16	Gweld y gacen 'ma	gweld a ga-ken mah	Seeing this cake
17	Prynu	pruh-nee	To buy, buying
18	Prynu'r diod 'na	pruh-neer dee-od nah	Buying that drink
19	'Se ti'n licio gweld y diod 'ma	seh teen lik-yoh gweld a dee-od mah	You'd like to see this drink
20	'Se ti'n licio prynu'r gacen 'na?	seh teen lik-yoh pruh-neer ga-ken nah	Would you like to buy that cake?

Uned Pedwar – *Unit Four*

Here we're introduced to the *simple future* tense. I'm always pained by the fact I wasn't taught this at school and that it's not pushed strongly in many resources I've encountered. This one's super useful and is one I use every day.

#			
1	'Na' i	naa ee	I'll
2	Mynd	min-d	To go, going
3	'Na' i fynd	naa ee vind	I'll go
4	'Na'i brynu	naa ee bruh-nee	I'll buy
5	'Na'i weld	naa ee weld	I'll see
6	Ga' i weld?	gaa ee weld	May I see?
7	'Swn i'n licio gweld	sun een lik-yo gweld	I'd like to see
8	'Set ti'n licio mynd?	set teen lik-yo min-d	Would you like to see?
9	'Swn i'n prynu hwnna	sun een pruh-nee hun-nah	I'd buy that
10	'Nei di?	nay dee	Will you [do something]?
11	Y tŷ	a tee	The house
12	I'r	ee-er	To the
13	I'r tŷ	ee-er tee	To the house
14	'Na' i fynd i'r tŷ	naa ee vind ee-er tee	I'll go to the house
15	'Nei di fynd i'r tŷ?	nay dee vind ee-er tee	Will you go to the house?
16	Ga' i weld y tŷ?	gaa ee weld a tee	May I see the house?
17	'Swn i'n licio gweld y tŷ	sun een lik-yoh gweld a tee	I'd like to see the house
18	'Set ti'n prynu'r tŷ? Ga' i brynu'r tŷ?	set teen pruh-nee-er tee. gaa ee bruh-nee-er tee	Would you buy the house? May I buy the house?
19	Ga' i weld y tŷ? Swn i'n licio prynu	gaa ee weld a tee. sun een lik-yoh pruh-nee	May I see the house? I'd like to buy [it]
20	'Nei di brynu'r tŷ? Na' i fynd i weld y tŷ	nay dee bruh-nee-er tee. naa ee vind ee weld a tee	Will you buy the house? I'll go to see the house

Uned Pump – *Unit Five*

One of the most common tenses in language is past tense. Adding *endings* to verbs exists in more literary language, by far the most common is to use '**NES I** (from the verb **GWNEUD**; *to do*). Notice the pronunciation of **NES** is often **NESH**.

1	'Nes i	nesh ee	*I [did something]*
2	'Nes i hwnna	nesh ee hun-nah	*I did that, I made that*
3	'Nes i weld	nesh ee weld	*I saw*
4	'Nes i weld hwnna	nesh ee weld hun-nah	*I saw that*
5	'Nes i brynu hwnna	nesh ee bruh-nee hun-nah	*I bought that*
6	Ddoe	THoy	*Yesterday*
7	Wsos d'wetha	oo-sos dweh-thah	*Last week*
8	'Nes i hwnna ddoe	nesh ee hun-nah THoy	*I did/made that yesterday*
9	'Nes i weld hwnna wsos d'wetha	nesh ee weld hun-nah oo-sos dweh-thah	*I saw that yesterday*
10	'Nes i licio hwnna	nesh ee lik-yoh hun-nah	*I liked that*
11	'Nest ti?	nest tee	*Did you [do something]?*
12	'Nest ti hwnna?	nest tee hun-nah	*Did you do/make that?*
13	'Nest ti weld?	nest tee weld	*Did you see?*
14	'Nest ti weld hwnna?	nest tee weld hun-nah	*Did you see that?*
15	'Nest ti hwnna ddoe?	nest tee hun-nah THoy	*Did you do that yesterday?*
16	'Nest ti brynu hwnna wsos d'wetha?	nest tee bruh-nee hun-na us-os dwe-tha	*Did you buy that last week?*
17	Hefyd	heh-vid	*Too, also*
18	'Nest ti weld hwnna hefyd?	nest tee weld hun-nah heh-vid	*Did you see that too?*
19	'Nes i weld hwnna hefyd	nesh ee weld hun-nah heh-vid	*I saw that too*
20	'Nes i brynu hwnna ddoe hefyd	nesh ee bruh-nee hun-nah THoy heh-vid	*I bought that yesterday too*

Uned Chwech – *Unit Six*

Let's look at some time frames as we continue using the concise past and future terms:

1	Heddiw	heTH-yoo	*Today*
2	Wedyn	weh-din	*Later, after(wards)*
3	'Fory	voh-ree	*Tomorrow*
4	Bore	boh-reh	*Morning*
5	Yn y bore	un a boh-reh	*In the morning*
6	P'nawn	pa-na-oon	*Afternoon*
7	Yn y p'nawn	un a pa-na-oon	*In the afternoon*
8	Heddiw bore	heTH-yoo boh-reh	*This morning*
9	'Fory bore	voh-ree boh-reh	*Tomorrow morning*
10	Ddoe	THoy	*Yesterday*
11	'Nes i hwnna	nesh ee hun-nah	*I did that*
12	'Nes i hwnna ddoe	nesh ee hun-nah THoy	*I did that yesterday*
13	'Nes i hwnna heddiw bore	nesh ee hun-nah heTH-yoo boh-reh	*I did that this morning*
14	'Na' i hwnna wedyn	naa ee hun-nah weh-din	*I'll do that later*
15	'Nei di hwnna 'fory?	nay dee hun-nah voh-ree	*Will you do that tomorrow?*
16	'Nest ti hwnna heddiw?	nest tee hun-nah heTH-yoo	*Did you do that today?*
17	'Nes i hwnna yn y p'nawn	nesh ee hun-nah un a pa-na-oon	*I did that in the afternoon*
18	'Na' i hwnna yn y bore	naa ee hun-nah un a boh-reh	*I'll do that in the morning*
19	'Nes i licio hwnna ddoe	nesh ee lik-yoh hun-nah THoy	*I liked that yesterday*
20	'Na' i licio hwnna 'fory	naa ee lik-yoh hun-nah voh-ree	*I'll like that tomorrow*

Uned Saith – *Unit Seven*

Question words are really important in all languages. Here we look to link them with some of the phrases we've learnt up to now so as to see them in their more natural habitat.

1	Lle?	LLehr	*Where?*
2	Pryd?	preed	*When?*
3	Pwy?	poy	*Who?*
4	Pam?	pam	*Why?*
5	Lle 'nei di fynd?	LLehr nay dee vind	*Where will you go?*
6	Pryd 'nei di fynd?	preed nay dee vind	*When will you go?*
7	Pwy 'nei di weld?	poy nay dee weld	*Who will you see?*
8	Pam 'nei di hwnna?	pam nay dee hun-nah	*Why will you do that?*
9	Lle 'nest ti fynd?	LLehr nes tee vind	*Where did you go?*
10	Pryd 'nest ti weld hwnna?	preed nes tee weld hun-nah	*When did you see that?*
11	Pwy ga' i weld?	poy gaa ee weld	*Who may I see?*
12	Pam 'set ti'n licio cacen siocled?	pam seh teen lik-yoh ka-ken shok-led	*Why would you like a chocolate cake?*
13	Lle 'nest ti fynd ddoe?	LLehr nes tee vind THoy	*Where did you go yesterday?*
14	Pryd 'nei di fynd 'fory?	preed nay dee vind voh-ree	*When will you go tomorrow?*
15	Pwy 'set ti'n gweld yn y bore?	poy seh-teen gweld un a boh-reh	*Who would you see in the morning?*
16	Pam 'nes i fynd ddoe?	pam nesh ee vind THoy	*Why did I go yesterday?*
17	Pam 'nei di brynu hwnna?	pam nay dee bruh-nee hun-nah	*Why will you buy that?*
18	Lle 'nest ti weld hwnna ddoe!	LLehr nes tee weld hun-nah THoy	*Where did you see that yesterday?*
19	Pryd 'nei di fynd wedyn?	preed nay dee vind weh-din	*When will you go later?*
20	Pwy 'nest ti weld yn y bore?	poy nes tee weld un a boh-reh	*Who did you see in the morning?*

Uned Wyth – *Unit Eight*

Here we're first introduced to the 3rd person of the past and future tenses. You'll notice they look super similar so it's important to know how to pronounce them correctly and that you're on your toes to notice them written.

1	Pwy?	poy	*Who?*
2	'Naeth o	na-eeth oh	*He did [something]*
3	'Naeth hi	na-eeth hee	*She did [something]*
4	Pwy 'naeth o...?	poy na-eeth oh	*Who did he...?*
5	Pwy 'naeth hi...?	poy na-eeth hee	*Who did she...?*
6	Pwy 'naeth hwnna?	poy na-eeth hun-nah	*Who did that?*
7	Pwy 'neith hwnna?	poy nayth hun-nah	*Who'll do that?*
8	Digwydd	dig-wiTH	*To happen, happening*
9	Sut?	sit	*How?*
10	Sut 'naeth hwnna ddigwydd?	sit na-eeth hun-nah THig-wiTH	*How did that happen?*
11	Sut 'neith hwnna ddigwydd?	sit ne-eeth hun-nah THig-wiTH	*How will that happen?*
12	Gweithio	gwayth-yoh	*To work, working*
13	Sut 'naeth hwnna weithio?	sit nayth hun-nah wayth-yoh	*How did that work?*
14	'Neith hwnna weithio? Sut?	nayth hun-nah wayth-yoh. sit	*Will that work? How?*
15	Pwy 'naeth weithio?	poy na-eeth wayth-yoh	*Who worked?*
16	Pwy 'neith weithio?	poy nayth wayth-yoh	*Who'll work?*
17	Sut 'naeth o weithio?	sit na-eeth oh wayth-yoh	*How did it/he work?*
18	Sut 'neith o weithio?	sit nayth oh wayth-yoh	*How will it/he work?*
19	Sut 'naeth hi weithio?	sit na-eeth hee wayth-yoh	*How did it/she work?*
20	Sut 'neith hi weithio?	sit nay-th hee wayth-yho	*How will it/she work?*

Uned Naw – *Unit Nine*

I hope you don't **mind** this section... I reckon you'll find it rather handy.

1	**Meindio**	mayn-dyoh	*To mind*
2	**'Sech chi'n**	seh CHeen	*You would (be)*
3	**'Sech chi'n meindio...?**	seh CHeen mayn-dyoh	*Would you mind?*
4	**Helpu, Helpio**	hel-pee, help-yoh	*To help, helping*
5	**'Sech chi'n meindio helpu?**	seh CHeen mayn-dyoh hel-pee	*Would you mind helping?*
6	**Fi**	vee	*Me*
7	**Hi**	hee	*She, her*
8	**Fo**	voh, vor	*He, him*
9	**Ni**	nee	*We, us*
10	**Nhw**	noo	*They, them*
11	**Helpu hi**	hel-pee hee	*Helping her*
12	**Helpu ni**	hel-pee nee	*Helping us*
13	**'Sech chi'n meindio helpu fi?**	seh CHeen mayn-dyoh hel-pee vee	*Would you mind helping me?*
14	**'Sech chi'n helpu hi**	seh CHeen hel-pee hee	*You'd help her*
15	**'Sech chi ddim yn**	seh CHee THim un	*You wouldn't*
16	**'Sech chi ddim yn helpu**	seh CHee THim un hel-pee	*You wouldn't help*
17	**'Sech chi ddim yn meindio**	seh CHee THim un mayn-dyoh	*[If] you wouldn't mind*
18	**Pwy 'sech chi'n meindio gweld?**	poy seh CHeen mayn-dyoh gweld	*Who would you mind seeing?*
19	**Be' 'sech chi'n meindio 'neud?**	behr seh CHeen mayn-dyoh nayd	*What would you mind doing/making?*
20	**Pryd 'sech chi'n meindio helpu hi? 'Fory?**	preed seh CHeen mayn-dyoh hel-pee hee. Voh-ree	*When would you mind helping her? Tomorrow?*

Uned Deg – *Unit Ten*

We'll keep looking at questions in this unit, but this time we'll add a few versions of the verb 'to be' in there to form different tenses.

1	Be'?	behr	*What?*
2	Pwy?	poy	*Who?*
3	Pam?	pam	*Why?*
4	Pryd?	preed	*When?*
5	Sut?	sit	*How?*
6	Be' sy'n...?	behr seen	*What is / does...?*
7	Be' fydd yn...?	behr vee-th un	*What will be...?*
8	Pwy sy'n...?	poy seen	*Who is / are / do / does...?*
9	Pwy fydd yn...?	poy vee-th	*Who will be...?*
10	Pam bod...?	pam bor-d	*Why is / are / do / does...?*
11	Pam bydd...?	pam bee-th	*Why will...?*
12	Pryd mae'r...?	preed ma-ee-er	*When is the...?*
13	Be' sy'n digwydd?	behr seen dig-with	*What's happening?*
14	Be' fydd yn digwydd?	behr vee-th un dig-with	*What will be happening?*
15	Pwy sy'n helpu?	piy seen hel-pee	*Who's helping?*
16	Pam bod hwnna'n digwydd?	pam bor-d hun-nahn dig-with	*Why is that happening?*
17	Pryd mae hwnna'n digwydd?	preed ma-ee hun-nahn dig-with	*When is that happening?*
18	Be' fydd yn helpu hwnna?	behr vee-th un hel-pee hun-nah	*What will help that?*
19	Sut fydd hwnna?	sit vee-th hun-nah	*How will that be?*
20	Sut fydd hwnna'n helpu be' fydd yn digwydd?	sit vee-th hun-nahn hel-pee behr vee-th un dig-with	*How will that help what will be happening?*

Uned Un Ar Ddeg – *Unit Eleven*

We should also be aware of shortened forms that are common too. Whereas **'NEITH HI FYND**, for example, is perfectly fine for *she'll go*, let's look at another term for it:

1	Eith hi	ayth hee	She'll go
2	I'r siopau	ee-er shop-eh	To the shops
3	I'r parc	ee-er park	To the park
4	Allan am fwyd	aLLan am voyd	Out for food
5	Rownd y dre	ro-und a dreh	Around [the] town
6	I wylio'r gêm	ee wil-yor gehm	To watch the game
7	Eith hi i'r siopau	ayth hee ee-er shop-eh	She'll go to the shops
8	Eith hi?	ayth hee	Will she go?
9	Eith hi i'r siopau?	ayth hee ee-er shop-eh	Will she go to the shops?
10	Eith hi i'r siopa wedyn?	ayth hee ee-er shop-eh weh-din	Will she go to the shops later?
11	Eith hi i'r parc	ayth hee ee-er park	She'll go to the park
12	Eith hi i'r parc 'fory?	ayth hee ee-er park voh-ree	Will she go to the park tomorrow?
13	Eith hi allan am fwyd wedyn	ayth hee a-LLan am voyd weh-din	She will go out for food later
14	Eith hi rownd y dre' heddiw?	ayth hee ro-und a dreh heTH-yoo	Will she go around the town today?
15	Eith hi i wylio'r gêm wedyn	ayth hee ee wil-yor gehm weh-din	She will watch the game later
16	Eith hi i wylio'r gêm wedyn?	ayth hee ee wil-yor gehm weh-din	Will she watch the game later?
17	Neu	nay	Or
18	Eith hi i'r parc neu i'r siopau?	ayth hee ee-er park nay ee-er shop-eh	Will she go to the park or to the shops?
19	Eith hi allan am fwyd neu rownd y dre?	ayth hee a-LLan am voyd nay ro-und a dreh	Will she go out for food or round the town?
20	Eith hi i wylio'r gêm	ayth hee ee wil-yor gehm	She will watch the game

Uned Deuddeg – *Unit Twelve*

Time to link up the questions with those concise forms of the future tense we covered in the previous two units respectively.

1	Pryd?	preed	*When?*
2	Eith o	ay-th or	*He will go*
3	Eith o?	ay-th or	*Will he go?*
4	Pryd eith o?	preed ay-th or	*When will he go?*
5	Awn ni	a-oon nee	*We'll go*
6	Awn ni?	a-oon nee	*Will we go?*
7	Pryd awn ni?	preed a-oon nee	*When will we go?*
8	Sut?	sit	*How?*
9	Sut awn ni?	sit a-oon nee	*How will we go?*
10	Gwybod	gub-od	*To know*
11	Ga' i wybod?	gaa ee uh-bod	*May I know?*
12	Ga' i wybod pryd eith o?	gaa ee uh-bod preed ay-th oh	*May i know when he'll go?*
13	Ga' i wybod pryd awn ni?	gaa ee uh-bod preed a-oon nee	*May I know when we'll go?*
14	Ga' i wybod sut eith o?	gaa ee uh-bod sit ayth oh	*May I know how he'll go?*
15	Ga' i wybod sut awn ni?	gaa ee uh-bod sit a-oon nee	*May I know how we'll go?*
16	Dw i isio	dwee ish-oh	*I want (to/a)*
17	Dw i isio gwybod	dwee ish-oh gub-od	*I want to know*
18	Dw i isio gwybod pryd awn ni	dwee ish-oh gub-od preed a-oon nee	*I want to know when we'll go*
19	Dw i isio gwybod sut eith o	dwee ish-oh gub-od sit ayth oh	*I want to know how he'll go*
20	Ga' i wybod pryd awn ni? Dw i isio gwybod	gaa ee uh-bod preed a-oon nee. dwee ish-oh gub-od	*May I know when we'll go? I want to know*

Uned Tri Ar Ddeg – *Unit Thirteen*

In this unit we'll look more closely at the present tense, and how we can form simple questions. It's worth noting that the **WYT** element below can be – and is often – omitted in the spoken language.

1	Wyt ti'n?	oyt teen	*Are you? Do you?*
2	Mynd i	min-d ee	*going to*
3	Siarad	sha-rad	*To talk, talking, to speak, speaking*
4	Wyt ti'n mynd?	oyt teen min-d	*Are you going?, Do you go?*
5	Wyt ti'n siarad?	oyt teen shah-rad	*Are you talking/speaking? Do you talk/speak?*
6	Wyt ti'n mynd i siarad?	oyt teen min-d ee shah-rad	*Are you going to talk/speak?*
7	Dysgu	dus-gee	*Learning*
8	Wyt ti'n dysgu?	oyt teen dus-gee	*Are you learning?, Do you learn?*
9	Wyt ti'n mynd i ddysgu?	oyt teen min-d ee thus-gee	*Are you going to learn?*
10	Mwynhau	moo-een-high	*Enjoying*
11	Wyt ti'n mwynhau?	oyt teen moyn-high	*Are you enjoying? Do you enjoy?*
12	Wyt ti'n mynd i fwynhau?	oyt teen min-d ee voyn-high	*Are you going to enjoy?*
13	Prynu	pruh-nee	*Buying, puchasing*
14	Wyt ti'n prynu?	oyt teen pruh-nee	*Are you buying?, Do you buy?*
15	Wyt ti'n mynd i brynu?	oyt teen min-d ee bruh-nee	*Are you going to buy?*
16	Prynu neu fwynhau?	pruh-nee nay voyn-high	*Buy(ing) or enjoy(ing)*
17	Mwynhau prynu	moyn-high pruh-nee	*Enjoy(ing) buying*
18	Wyt ti'n mynd i fwynhau prynu?	oyt teen min-d ee voyn-high pruh-nee	*Are you going to enjoy buying?*
19	Wyt ti'n mynd i fwynhau dysgu?	oyt teen min-d ee voyn-high dus-gee	*Are you going to enjoy learning?*
20	Wyt ti'n mynd i fwynhau prynu neu fwynhau dysgu?	oyt teen min-d ee voyn-high pruh-nee nay voyn-high dus-gee	*Are you going to enjoy buying or enjoy learning?*

Uned Un Deg Pedwar – *Unit Fourteen*

For those times when we know we want *something*, but we're not quite sure what…

1	Dw i isio	dwee ish-oh	*I want*
2	Rhywbeth	roo-beth	*Something*
3	Newydd	neh-with	*New*
4	Arall	ah-raLL	*Else, other*
5	Unrhyw beth	in-roo beth	*Anything*
6	Rhywbeth newydd	roo-beth neh-with	*Something new*
7	Unrhyw beth arall	in-roo beth ah-raLL	*Anything else*
8	Dw i isio rhywbeth arall	dwee ish-oh roo-beth ah-raLL	*I want something else*
9	Dw i isio unrhyw beth newydd	dwee ish-oh in-roo-beth neh-with	*I want anything new*
10	T'isio?	tish-oh	*Do you want?*
11	T'isio rhywbeth?	tish-oh roo-beth	*Do you want something?*
12	T'isio unrhyw beth?	tish-oh in-roo beth	*Do you want anything?*
13	Ga' i?	gah ee	*May I have?*
14	Ga' i rywbeth newydd?	gah ee roo-beth neh-with	*May I have something new?*
15	Ga' i unrhyw beth arall?	gah ee in-roo beth ah-raLL	*May I have anything else?*
16	Ga' i rywbeth arall? Dw i isio unrhyw beth newydd.	gah ee roo-beth ah-reLL. Dwee ish-oh in-roo-beth neh-with	*May I have something else? I want anything new.*
17	O'r	or	*From the, of the*
18	O'r siop	or shop	*From the shop*
19	Ga' i rywbeth newydd o'r siop?	gah ee roo-beth neh-with or shop	*May I have something new from the shop?*
20	T'isio unrhyw beth arall o'r siop newydd?	tish-oh in-roo-beth ah-raLL or shop neh-with	*Do you want anything else from the new shop?*

Uned Pymtheg – *Unit Fifteen*

Now we'll link some question words with asking whether *you want to* do something:

1	Pryd?	preed	When
2	T'isho?	tish-oh	Do you want (to/a)?
3	Pryd t'isho?	preed tish-oh	When do you want (to/a)
4	Pryd t'isho mynd?	preed tish-oh min-d	When do you want to go?
5	Lle?	LLeh	Where
6	Lle t'isho?	LLeh tish-oh	Where do you want (to)
7	Lle t'isho mynd?	LLeh tish-oh min-d	Where do you want to go?
8	mewn	meh-oon	In a(n)
9	Awr	a-oor	Hour
10	Mewn awr	meh-oon a-oor	In an hour
11	Dwy awr	doo-ee a-oor	Two hours
12	Mewn dwy awr	meh-oon doo-ee a-oor	In two hours
13	T'isho mynd?	tish-oh min-d	Do you want to go?
14	T'isho mynd mewn awr?	tish-oh min-d meh-oon a-oor	Do you want to in an hour?
15	T'isho mynd mewn dwy awr?	tish-oh min-d meh-oon doo-ee a-oor	Do you want to go in two hours?
16	Lle t'isho mynd mewn awr?	LLeh tish-oh min-d meh-oon a-oor	Where do you want to go in an hour?
17	Lle t'isho mynd mewn dwy awr?	LLeh tish-oh min-d meh-oon doo-ee a-oor	Where do you want to go in two hours?
18	Pryd t'isho mynd? Mewn awr?	preed tish-oh min-d. meh-oon a-oor	When do you want to go? In an hour?
19	Pryd t'isho mynd? Mewn dwy awr?	preed tish-oh min-d. meh-oon doo-ee a-oor	When do you want to go? In two hours?
20	Pam a lle t'isho mynd mewn dwy awr?	pam ah LLeh tish-oh min-d meh-oon doo-ee a-oor	Why and where do you want to go in two hours?

Uned Un Ar Bymtheg – *Unit Sixteen*

In this unit we'll link the hugely useful term **IAWN** with the conditional tense to ask whether it would *ok* to do something. Would that be *ok* with you?

1	Iawn	ya-oon	OK, alright
2	Fyse'n	vuh-sen	It would be
3	Fyse'n iawn	vuh-sen ya-oon	It'd be OK
4	Fyse'n iawn?	vuh-sen ya-oon	Would it be OK?
5	I fi	ee mee	For me [to], that I
6	I fi fynd	ee vee vin-d	For me to go, that I went
7	Fyse'n iawn i fi fynd?	vuh-sen ya-oon ee mee	Would it be OK for me to go?
8	Siarad	sha-rad	Talk(ing), speak(ing)
9	Fyse'n iawn i fi siarad?	vuh-sen ya-oon ee mee sha-rad	Would it be OK for me to talk/speak?
10	Cael	kaal	Having, getting
11	Fyse'n iawn i fi gael…?	vuh-sen ya-oon ee mee gaal	Would it be OK for me to get (a)…?
12	Efo	eh-voh	With (a)
13	Fyse'n iawn i fi siarad efo ti?	vuh-sen ya-oon ee mee sha-rad eh-voh tee	Would it be OK for me to talk/speak with you?
14	Fyse'n iawn i fi fynd efo nhw?	vuh-sen ya-oon ee vee vin-d eh-voh noo	Would it be OK for me to go with them?
15	Fyse'n iawn i fi gael paned?	vuh-sen ya-oon ee vee gaal pa-ned	Would it be OK for me to have a cuppa?
16	Fyse'n iawn i fi gael paned efo hi?	vuh-sen ya-oon ee vee gaal pa-ned eh-voh hee	Would it be OK for me to have a cuppa with her?
17	I ti	ee tee	For you [to], that you
18	Fyse'n iawn i ti fynd?	vuh-sen ya-oon ee tee vin-d	Would it be OK for you to go?
19	Fyse'n iawn i ti siarad?	vuh-sen ya-oon ee tee sha-rad	Would it be OK for you to speak / talk?
20	Fyse'n iawn i ti gael paned efo ni?	vuh-sen ya-oon ee tee gaal pa-ned eh-voh nee	Would it be OK for you to have a cuppa with us?

Uned Un Deg Saith - *Unit Seventeen*

Saying what we're able to do – as well as asking whether we're able to – are staple parts of spoken language. Let's have a look at how the word **medru** helps us to do that:

1	Fedra' i	ved-rah ee	I can, I'm able to
2	Gweld	gweld	To see, seeing
3	Fedra' i weld	ved-rah ee weld	I can see
4	Hwnna	hun-nah	That
5	Fedra' i weld hwnna	ved-rah ee weld hun-nah	I can see that
6	Y(r) ___ 'ma	a ___ mah	This ___
7	Y(r) ___ 'na	a ___ nah	That ___
8	Fedra' i weld y llun 'ma	ved-rah ee weld a lleen mah	I can see this picture
9	Fedra' i?	ved-rah ee	Can I?, Am I able to?
10	Fedra' i weld y llun 'ma?	ved-rah ee weld a lleen mah	Can I see this picture?
11	Fedra' i weld y llun 'na	ved-rah ee weld a lleen nah	I can see that picture
12	Fedra' i weld y llun 'na?	ved-rah ee weld a lleen nah	Can I see that picture?
13	Fedra' i weld hwnna?	ved-rah ee weld hun-nah	Can I see that?
14	Dysgu	dus-kee	To learn, learning
15	iaith	ya-eeth	(a) language
16	Dysgu iaith	dus-kee ya-eeth	Learn(ing) a language
17	Dysgu'r iaith 'na	dus-keer ya-eeth nah	Learn(ing) that language
18	Dysgu'r iaith 'ma	dus-keer ya-eeth mah	Learn(ing) this language
19	Fedra' i ddysgu'r iaith 'na?	ved-rah ee thus-keer ya-eeth nah	Can I learn that language?
20	Fedra' i ddysgu'r iaith 'ma	ved-rah ee thus-keer ya-eeth mah	I can learn this language

Uned Un Deg Wyth - *Unit Eighteen*

Life wasn't meant to be easy – and neither was Cymraeg! **MEDRU** (*can; to be able to*) isn't the only word used to express ability. **GALLU** is just as good!

1	Fedra' i	ved-rah ee	I can, I'm able to
2	Galla' i	ga-LL-ah ee	I can, I'm able to
3	Fedri di?	ved-ree dee	Can you?, Are you able to?
4	Elli di?	eLL-ee dee	Can you?, Are you able to?
5	Pasio	pas-yo	To pass, passing
6	Rhoi	roy	To give, giving / to put, putting
7	Pasio'r	pas-yor	To pass the, passing the
8	Rhoi'r	royr	To give the, giving the / to put the, putting the
9	I fi	ee vee	To me, for me
10	Diod	dee-od	(a) drink
11	Pasio'r diod	pas-yor dee-od	To pass the drink, passing the drink
12	Fedri di basio'r diod i fi?	ved-ree dee bas-yor dee-od ee vee	Can you pass me the drink?
13	Elli di basio'r diod i fi?	eLL-ee-dee bas-yor dee-od ee vee	Can you pass me the drink?
14	Fedri di roi'r diod i fi?	ved-ree dee royr dee-od ee vee	Can you give me the drink?
15	Elli di roi'r diod i fi?	eLL-ee dee royr dee-od ee vee	Can you give me the drink?
16	Yn y	un a	In the
17	Fedri di roi'r diod yn y bin?	ved-ree dee royr dee-od un a bin	Can you put the drink in the bin?
18	Elli di roi'r diod yn y car?	eLL-ee dee royr dee-odd un a car	Can you put the drink in the car?
19	Elli di roi'r car yn y bin?	eLL-ee dee royr car un a bin	Can you put the car in the bin?
20	Fedri di basio'r diod i fi a rhoi'r bin yn y car?	ved-ree dee bas-yor dee-od ee vee ah royr bin un a car?	Can you pass me the drink and put the bin in the car?

Uned Un Deg Naw - *Unit Nineteen*

Let's look at a word – a preposition, to be more precise – that's so important it covers two English prepositions and is still overused needlessly in Welsh; but that's another story!

1	i	ee	*to, for*
2	I mi	ee mee	*to me, for me*
3	I ti	ee tee	*to/for you*
4	A(c)	ah / ahk	*and*
5	I mi ac i ti	ee mee ahk ee tee	*to/for me and to/for you*
6	Iddo fo	iTH-oh vor	*to/for him*
7	I ti ac iddo fo	ee tee ak iTH-oh vor	*to/for you and to/for him*
8	Iddo fo ac i mi	iTH-oh vor ahk ee mee	*to him and to me, for him and for me*
9	Iddi hi	iTH-ee hee	*to/for her*
10	Iddi hi ac iddo fo	iTH-ee hee ahk iTH-oh vor	*to/for her and to/for him*
11	I bawb	ee ba-oob	*to/for everyone*
12	I ti ac i bawb	ee tee ak ee ba-oob	*to/for you and to/for everyone*
13	I bawb ac i fi	ee ba-oob ahk ee vee	*to/for everyone and to/for me*
14	Hwnna	hun-nah	*that*
15	Mae hwnna i fi	ma-ee hun-nah ee vee	*that's to/for me*
16	Mae hwnna i ti	ma-ee hun-nah ee tee	*that's to/for you*
17	Mae hwnna iddi hi	ma-ee hun-nah iTH-ee hee	*that's to/for her*
18	Mae hwnna i bawb	ma-ee	*that's to/for everyone*
19	Mae hwnna iddo fo ac iddi hi	ma-ee hun-nah iTH-oh vor ahk iTH-ee hee	*that's to/for him and to/for her*
20	Mae hwnna i mi, i ti, ac i bawb	ma-ee hun-nah ee mee ee tee ahk ee ba-oob	*that's to/for me, to/for you, and to/for everyone*

Uned Ugain - *Unit Twenty*

The importance of being able to ask for favours goes without saying. It's importance is heightened again when you remember that us Welsh aren't half a polite bunch and we'll be happy to help out in any way we can.

1	'Newch chi?	neh-uCH ee	Will you [do/make something]?
2	nôl	norl	To fetch
3	'Nei di nôl?	nay dee norl	Will you fetch [it]?
4	I fi	ee vee	For me
5	'Nei di nôl o?	nay dee norl oh	Will you fetch it/him?
6	'Nei di nôl o i fi	nay dee norl oh ee vee	Will you fetch it/him for me?
7	Y(r) ___	er(r)	The
8	'Nei di nôl y ___?	nay dee norl a	Will you fetch the ___?
9	'Nei di nôl y gacen?	nay dee norl a ga-ken	Will you fetch the cake?
10	'Nei di nôl y ___ 'ma?	nay dee norl a mah	Will you fetch this ___?
11	'Nei di nôl y gacen 'ma?	nay dee norl a ga-ken mah	Will you fetch this cake?
12	'Nei di nôl y ___ 'na?	nay dee norl a nah	Will you fetch that ___?
13	'Nei di nôl y diod 'na?	nay dee norl a dee-od nah	Will you fetch that drink?
14	'Nei di nôl y gacen i fi?	nay dee norl a ga-ken ee vee	Will you fetch the cake for me?
15	'Newch chi nôl y gacen 'na i fi?	neooCH CHee norl a ga-ken nah ee vee	Will you fetch that cake for me?
16	Pryd 'newch chi nôl?	preed neooCH CHee norl	When will you fetch [it]?
17	Pryd 'nei di nôl y gacen?	preed nay dee norl a ga-ken	When will you fetch the cake?
18	Pryd 'newch chi nôl y gacen siocled i fi?	preed neooCH CHee norl a ga-ken shok-led ee vee	When will you fetch the chocolate cake for me?
19	O le?	or lair	From where?
20	O le 'newch chi nôl y gacen siocled 'na?	or lair neooCH CHee norl a ga-ken shok-led na	Where will you fetch that chocolate cake from?

Uned Dau Ddeg Un - *Unit Twenty-One*

Expressing that one ***must*** or ***has to*** do something is super useful and super important. Here's one of a few constructions that are commonly used these days:

1	Rhaid	ra-eed	Necessary, Necessity
2	Rhaid i	ra-eed ee	Necessary for
3	Rhaid i fi	ra-eed ee vee	I must, I have to, (Necessary for me)
4	gadael	gad-aal	To leave
5	Rhaid i fi adael	ra-eed ee vee ad-aal	I have to leave
6	Rhaid i ti	ra-eed ee tee	You have to
7	Rhaid i ti adael	ra-eed ee tee ad-aal	You have to leave
8	Rhaid iddo fo	ra-eed iTH-oh voh	He has to
9	Rhaid iddo fo adael rŵan	ra-eed iTH-oh voh ad-aal roo-an	He has to leave now
10	Rhaid iddi hi	ra-eed iTH-ee hee	She has to
11	Rhaid iddi hi adael 'fory	ra-eed iTH-ee hee ad-aal voh-ree	She has to leave tomorrow
12	Oes rhaid?	oys ra-eed	Is there a necessity? Is it necessary?
13	Oes rhaid i fi?	oys ra-eed ee vee	Do I have to?
14	Oes rhaid i ti?	oys ra-eed ee tee	Do you have to?
15	Oes rhaid i fi adael?	oys ra-eed ee vee ad-aal	Do I have to leave?
16	Oes rhaid iddi hi adael?	oys ra-eed iTH-ee hee ad-aal	Does she have to leave?
17	Rhaid i fi adael rŵan	ra-eed ee vee ad-aal roo-an	I have to leave now
18	Rhaid i ti adael heno	ra-eed ee tee ad-al heh-noh	You have to leave tonight
19	Oes rhaid iddo fo adael?	oys ra-eed iTHoh voh ad-al	Does he have to leave?
20	Oes rhaid iddi hi adael yn y bore?	oys ra-eed iTHee hee ad-al un a boh-reh	Does she have to leave in the morning?

Uned Dau Ddeg Dau - *Unit Twenty-Two*

Tags. Staple in today's chatter. Much of the time, they're the difference between native speakers and strong learners. Here's few you should definitely know.

1	**Ynde**	un-deh	I'nit
2	**Dydi**	duh-dee	Isn't it
3	**Ynde?**	un-deh	I'nit?
4	**Dydi?**	duh-dee	Isn't it?
5	**Mae'n neis, dydi?**	maan nays duh-dee	It's nice, isn't it?
6	**Wir**	wee-er	Really, truthfully, just(ified)
7	**Wir?**	wee-er	Really?, Honestly?
8	**Ynde, wir(?)**	un-deh wee-er	I'nit, just(?)
9	**Ti'n gwbo'(?)**	teen gu-boh	D'ya know?
10	**Siŵr o fod**	shohr oh vord	Surely, sure to be, certainly
11	**Yndi**	un-dee	Yeah [it is/does]
12	**Yndi, siŵr**	un-dee shohr	Yeah, sure / certainly
13	**Yndi, siŵr o fod**	un-dee shohr	Yeah, certainly
14	**Yndi, wir**	un-dee wee-er	Yeah, really
15	**Yndi, dydi?**	un-dee duh-dee	Yeah [it is], isn't it?
16	**Mae'n neis, siŵr**	maan nays shohr	It's nice, certainly
17	**Mae'n neis, wir**	maan nays shohr	It's nice, honestly
18	**Mae'n neis, ynde?**	maan nays un-deh	It's nice, i'nit?
19	**Mae'n neis, ti'n gwbo'**	maan nays teen gu-boh	It's nice, ya' know
20	**Mae'n neis iawn, ti'n gwbo'**	maan nays ya-oon teen gu-boh	It's very nice, ya' know

Uned Dau Ddeg Tri - *Unit Twenty-Three*

The most common way of negating terms and phrases is by adding **DDIM** – *no, not, nothing*. These days, many attach it to the end of vowels as a single **M** sound. Let's take a look:

1	Dw i'm yn	dwim un	I don't / I'm not
2	Meddwl	meh-thul	To think, thinking
3	Dw i'm yn meddwl	dwim un meh-thul	I don't think [so]
4	'Na i	naa ee	I'll
5	Dw i'm yn meddwl 'na i	dwim un meh-thul naa ee	I don't think [that] I'll
6	'Nes i	nesh ee	I did [something], I made
7	Dw i'm yn meddwl 'nes i	dwim un meh-thul nesh ee	I don't think [that] I did
8	Hwnna	hun-nah	That
9	Dw i'm yn meddwl 'na i hwnna	dwim un meh-THul naa ee hun-nah	I don't think I'll do that
10	Dw i'm yn meddwl 'nes i hwnna	dwim un meh-THul nesh ee hun-nah	I don't think I did that
11	Siŵr	shoo-er	Sure
12	Dw i'm yn siŵr	dwim un shoo-er	I'm not sure
13	Dw i'm yn siŵr 'na i	dwim un shoo-er naa ee	I'm not sure [that] I will
14	Dw i'm yn siŵr 'nes i	dwim un shoo-er nesh ee	I'm not sure [that] I did
15	Dw i'm yn siŵr o hwnna	dwim un shoo-er or hun-nah	I'm not sure of that
16	Dw i'm yn siŵr 'nes i hwnna	dwim un shoo-er nesh ee hun-nah	I'm not sure [that] I did that
17	Dw i'm yn siŵr 'na i hwnna	dwim un shoo-er naa ee hun-hah	I'm not sure [that] I'll do that
18	Rŵan	roo-an	Now
19	Dw i'm yn meddwl 'na i hwnna rŵan	dwim un meh-THul naa ee hun-nah roo-an	I don't think [that] I'll do that now
20	Dw i'm yn siŵr 'nes i feddwl am hwnna	dwim un shoo-er nesh ee veh-THul am hun-nah	I'm not sure [that] I thought of that

Uned Dau Ddeg Pedwar - Unit Twenty-Four

Although asking what the *chances* of doing something are rare in English, Welsh uses the term much more frequently. We also totally just ripped off the word '*chance*' instead of using our own beautiful term, **cyfle**. What are the *chances*?

1	Siawns	sha-uns	A chance, an opportunity
2	[Oes] siawns...?	oys sha-uns	Is there a chance?
3	Fedra' i...?	ved-rah ee	I can
4	Oes siawns fedra' i...?	oys sha-uns ved-rah ee	Is there a chance I can...?
5	Dod	dord	To come, coming
6	Oes siawns fedra' i ddod?	oys sha-uns ved-rah ee THord	Is there a chance I can come?
7	Oes siawns fedra' i ddod 'fory?	oys sha-uns ved-rah ee THord voh-ree	Is there a chance I can come tomorrow?
8	Fedra fo	ved-rah voh	He can
9	Fedra hi	ved-rah hee	She can
10	Siawns fedra fo	sha-oons ved-rah voh	There's a chance he can
11	Siawns fedra hi?	sha-oon ved-rah hee	Is there a chance she can?
12	Siawns fedra hi ddod	sha-oon ved-rah hee THord	There's a chance she can come
13	Siawns fedra fo ddod?	sha-oons ved-rah voh THord	Is there a chance he can come?
14	Siawns fedra pawb	sha-oon ved-rah pa-oob	There's a chance everyone can
15	Siawns fedra pawb ddod	sha-oon ved-rah pa-oob THord	There's a chance everyone can come
16	Siawns fedra pawb ddod hefyd	sha-oons ved-rah pa-oob THord heh-vid	There's a chance everyone can come too
17	Fedra'm	ved-ram	I can't, I'm not able to
18	Siawns fedra'm dod	sha-oons ved-ram dord	[There's a] chance I can't come
19	Siawns fedra'm dod heno	sha-oons ved-ram dord hen-oh	[There's a] chance I can't come tonight
20	Siawns iddo fo ddod? Fedra'm	sha-oon iTH-oh vor THord. ved-ram	[is there a] chance he's coming? I can't

Uned Dau Ddeg Pump - *Unit Twenty-Five*

Where would we be without a quick chat about the weather? Not in Wales, that's for sure!

1	Mae hi'n	ma heen	*She is, it is*
2	Mae'n	maan / ma-een	*It's*
3	Oer	oy-er	*Cold*
4	Mae'n oer	maan oy-er	*It's cold*
5	Mae'n oer heddiw	maan oy-er heTH-yoo	*It's cold today*
6	___ iawn	ya-oon	*Very ___*
7	Mae'n oer iawn heddiw	maan oy-er ya-oon heTH-yoo	*It's very cold today*
8	poeth	poyth	*Hot*
9	Poeth iawn	poyth ya-oon	*Very hot*
10	Mae hi'n boeth iawn	ma heen boyth ya-oon	*It's very hot*
11	Gwyntog	gwin-tog	*Windy*
12	Mae hi'n gwyntog iawn	ma heen win-tog ya-oon	*It's very windy*
13	Roedd hi'n	royTH heen	*She was, it was*
14	Roedd hi'n oer	royTH heen oy-er	*It was cold*
15	Roedd hi'n oer iawn neithiwr	royTH heen oy-er ya-oon nayth-yur	*It was very cold last night*
16	Ydy hi'n?	uh-dee heen	*Is she?, is it?*
17	Cynnes	kuh-nes	*Warm*
18	Ydy hi'n gynnes?	uh-dee heen guh-nes	*Is it warm?*
19	Oedd hi'n gynnes neithiwr?	oyTH heen guh-nes nayTH-yur	*Was it warm last night?*
20	Oedd hi'n oer neithiwr neu oedd hi'n wyntog iawn?	oyTH heen oy-er nayth-yur nay oyTH heen win-tog ya-oon	*Was it cold last night or was it very windy?*

Uned Dau Ddeg Chwech - *Unit Twenty-Six*

Let's get back to basics and work out how to offer a quick opinion to things we hear. Use a dictionary to search for adjectives once you've learnt the following useful structures:

1	Mae'n	maan / ma-een	*It's*
2	Gwych	gweeCH	*Great*
3	Mae'n wych	maan weeCH	*It's great*
4	Hyfryd	huv-rid	*Lovely*
5	Mae'n hyfryd	maan huv-rid	*It's lovely*
6	Sâl	saal	*Ill, poor*
7	Mae'n sâl	maan saal	*It's poor*
8	Mae hwnna'n	ma hun-nahn	*That's*
9	Mae hwnna'n wych	ma hun-nahn weeCH	*That's great*
10	Mae hwnna'n hyfryd	ma hun-nahn huv-rid	*That's lovely*
11	Mae hwnna'n sâl	ma hun-nahn saal	*That's poor*
12	'Dydi?	du-dee	*Isn't it?*
13	Mae hwnna'n wych, dydi?	ma hun-nahn weeCH du-dee	*That's great, isn't it?*
14	Mae hwnna'n hyfryd, dydi?	ma hun-nahn huv-rid du-dee	*That's lovely, isn't it?*
15	Mae hwnna'n sâl, dydi?	ma hun-nahn saal du-dee	*That's poor, isn't it?*
16	Mae hwnna'n wych, ti'n gwbo'?	ma hun-nahn weeCH teen gu-boh	*That's great, you know?*
17	Ond	ond	*But*
18	Mae'n wych ond mae'n sâl	maan weeCH ond maan saal	*It's great but it's poor*
19	Mae hwnna'n hyfryd ond mae'n wych hefyd	ma hun-nahn huv-rid ond maan weeCH heh-vid	*That's lovely but it's great too*
20	Mae hwnna'n sâl ond mae'n hyfryd hefyd, ti'n gwbo'?	ma hun-nah'n saal ond maan huv-rid heh-vid teen gu-boh	*That's poor but it's lovely too, you know?*

Uned Dau Ddeg Saith - *Unit Twenty-Seven*

In addition to practising some more phrases on what we intend to do in the near future, **CYMRYD** (*to take*) makes an appearance here – as well as how it can behave in long and concise forms.

1	Gweld	gweld	*To see, seeing*
2	'Na' i	naa ee	*I'll [do something]*
3	'Na' i weld	naa ee weld	*I'll see*
4	(G)wela' i	wel-aa ee	*I'll see, I see*
5	Rŵan	roo-an	*Now*
6	'Na'i weld rŵan	naa ee weld roo-an	*I'll see now*
7	Wela' i rŵan	wel-aa ee	*I'll see now, I see now*
8	Cymryd	cum-rid / cum-id	*To take, taking*
9	'Na' i gymryd	naa ee gum-rid / gum-id	*I'll take*
10	Gyma' i	gum-ah ee	*I'll take*
11	'Nei di	nay dee	*You'll*
12	'Nei di weld	nay dee weld	*You'll see*
13	'Nei di?	nay dee	*Will you?*
14	'Nei di gymryd?	nay dee gum-rid / gum-id	*Will you take?*
15	Be'?	behr	*What?*
16	Be' 'nei di weld?	behr nay dee weld	*What will you see?*
17	Be' 'nei di weld rŵan?	behr nay dee weld roo-an	*What will you see now?*
18	Be' 'nei di gymryd rŵan?	behr nay dee gum-rid / gum-id roo-an	*What will you take now?*
19	Gymri di	gum-ree dee	*You'll take*
20	Be' gymri di rŵan?	Behr gum-ree dee roo-an	*What will you take now?*

Uned Dau Ddeg Wyth - *Unit Twenty-Eight*

We've done a lot of work on forming useful sentence structures but, without verbs, we can form little more. Here's a few random ones for you. We'll also look at the imperative (command) forms too:

1	Trafod	trah-vod	To discuss, discussing
2	F'yta	vih-tah	To eat, eating
3	Trïo	tree-oh	To try, trying
4	Iwsio	yooz-yoh	To use, using
5	Gwrando	gran-doh	To listen, listening
6	Gyrru / Dreifio	gu-ree / drayv-yoh	To drive, driving
7	Dilyn	di-lin	To follow, following
8	Gwisgo	gwis-goh	To wear, wearing
9	-wch / -a	uCH / ah	[imperative / command form]
10	Trafodwch!	trah-vod-uCH	Discuss [it]!
11	F'yta!	vi-tah	Eat [it]!
12	Trïwch!	tree-uCH	Try [it]!
13	Iwsia!	yooz-ya	Use [it]!
14	Nhw	noo	Them
15	Iwsiwch nhw!	yooz-yuCH noo	Use them!
16	Gwranda!	gran-da	Listen!
17	Gyrrwch!	gu-ruCH	Drive!
18	Dilyna nhw!	di-lun-nah noo	Follow them!
19	Gwisgwch nhw!	gwis-guCH noo	Wear them!
20	Trïa nhw!	tree-ah noo	Try them!

Uned Dau Ddeg Naw - *Unit Twenty-Nine*

The word **WELL** (*better*) is used far more frequently in Welsh than English; largely because it can mean a multitude of different things. Here are but a few... you'd *better* learn them!

1	Well	wehLL	Better
2	Well i fi	wehLL ee vee	I'd better (lit. [it's] better for me [to])
3	Well i fi fynd	wehLL ee vee vind	I'd better go
4	Well i fi fynd rŵan	wehLL ee vee vind roo-an	I'd better go now
5	Well i ni	wehLL ee nee	We'd better
6	Well i ni drïo	wehLL ee nee dree-oh	We'd better try
7	Rheolau	ray-ol-eh	Rules, Controls
8	Well i fi ddilyn y rheolau	wehLL ee vee THil-in a ray-ol-eh	I'd better follow the rules
9	Well i ni iwsio hwnna, dydi?	wehLL ee nee yooz-yoh hun-nah duh-dee	We'd better use that, hadn't we?
10	Y rheolau 'na	a ray-ol-eh nah	Those rules
11	Well i ni ddilyn y rheolau 'na	wehLL ee nee THi-lin a ray-ol-eh nah	We'd better follow those rules
12	Dydi?	duh-dee	I'nit?, Isn't it?
13	Well i fi fynd, dydi?	wehLL ee vee vind duh-dee	I'd better go, hadn't I?, It's better for me to go, isn't it?]
14	Well i ni drïo, dydi?	wehLL ee nee dree-oh duh-dee	We'd better try, hadn't we?
15	Well i ni wisgo hwnna, dydi?	wehLL ee nee wis-goh hun-nah duh-dee	We'd better wear that, i'nit?
16	Yn lle	un LLehr	Instead
17	Well i ni ddreifio yn lle	wehLL ee nee Thrayv-yoh un LLehr	We'd better drive instead
18	Well i ti wisgo hwnna yn lle	wehLL ee tee wis-goh hun-nah un LLehr	You'd better wear that instead
19	Well i fi ddilyn y rheolau yn lle	wehLL ee vee THi-lin a ray-ol-eh un LLehr	I'd better follow the rules instead
20	Well i fi ddilyn y rheolau 'na yn lle, dydi?	wehLL ee vee Thi-lin a ray-ol-eh nah un Llehr duh-dee	I'd better follow those rules instead, hadn't I?

Uned Tri Deg - *Unit Thirty*

Using 'before' and 'after' when we're talking comes up a lot more than we think. Here we take a peek at how it's done:

1	Cyn	kin	*Before, prior, previous*
2	Ar ôl	aar-orl	*After*
3	Cyn ac ar ôl	kin ak aar orl	*Before and after*
4	Cyn i fi	kin ee vee	*Before I [do/did something]*
5	Ar ôl i fi	aar orl ee vee	*After I [do/did something]*
6	Cyn i fi fynd	kin ee vee vin-d	*Before I go, before I went*
7	Ar ôl i fi fynd	aar orl ee vee vin-d	*After I go, after I went*
8	Cyn i ni fynd	kin ee nee vin-d	*Before we go, before we went*
9	Ar ôl i ni fynd	aar orl ee nee vin-d	*After we go, after we went*
10	Awn ni	a-oon nee	*We'll go, let's go*
11	Aethon ni	ayth-on nee	*We went*
12	Adre'	ad-reh	*Home*
13	Cyn i ni fynd, awn ni adre'	kin ee nee vind a-oon nee ad-reh	*Before we go, let's go home*
14	Cyn i ni fynd, aethon ni adre'	kin ee nee vind a-eeth-on nee ad-reh	*Before we went, we went home*
15	Ar ôl i ni fynd, awn ni adre'	aar orl ee nee vind a-oon nee ad-reh	*After we go, we'll go home*
16	Ar ôl i ni fynd, aethon ni adre'	aar orl ee nee vind ath-on nee ad-reh	*After we went, we went home*
17	Cyn i ni fynd, awn ni adre'?	kin ee nee vind a-oon nee ad-reh	*Before we go, shall we go home?*
18	Cyn i ni fynd, aethon ni adre'?	kin ee nee vind ayth-on nee ad-reh	*Before we went, did we go home?*
19	Ar ôl i ni fynd, awn ni adre'?	aar orl ee nee vind a-oon nee ad-reh	*After we go, shall we go home?*
20	Ar ôl i ni fynd, aethon ni adre'?	aar orl ee nee vin-d a-ee-thon nee ad-reh	*After we went, did we go home?*

Uned Tri Deg Un - *Unit Thirty-One*

We've touched on using **'NEUD** (*to do*) as an auxiliary verb to for different tenses; now's the time to look at the third person. Be careful not to mix up **'NAETH** and **'NEITH** here – they look and sound similar but refer to two completely different tenses!

1	'Naeth o	na-eeth or	He did [something], he made
2	'Naeth o?	na-eeth or	Did he [do something]?
3	'Naeth hi	na-eeth hee	She did [something], she made
4	'Naeth hi?	na-eeth hee	Did she [do something]?
5	'Naeth o drïo	na-eeth or dree-oh	He tried [it]
6	'Naeth o drïo?	na-eeth o	Did he try [it]?
7	'Naeth hi drïo	na-eeth hee dree-oh	She tried [it]
8	'Naeth hi drïo?	na-eeth he dree-oh	Did she try [it]?
9	'Neith o	nay-th or	He'll [do something]
10	'Neith o?	nay-th or	Will he?
11	'Neith hi	nay-th hee	She'll [do something]
12	'Neith hi?	nay-th hee	Will she?
13	'Neith o drïo	nay-th or dree-oh	He'll try [it]
14	'Neith o drïo?	nay-th or dree-oh	Will he try [it]?
15	'Neith hi drïo	nay-th or dree-oh	She'll try [it]
16	'Neith hi drïo?	nay-th hee dree-oh	Will she try [it]?
17	'Naeth o drïo hwnna	na-eeth or dree-oh hun-nah	He tried that
18	'Neith hi drïo hwnna?	nay-th hee dree-oh hun-nah	Will she try that?
19	'Naeth hi drïo hwnna?	na-eeth hee dree-oh hun-nah	Did she try that?
20	'Neith o drïo hwnna	nay-th or dree-oh hun-nah	He'll try that

Uned Tri Deg Dau - *Unit Thirty-Two*

We'll look at few useful terms here. Firstly, we'll see how **OND** and **DIM OND** equate to *only*. Then we'll say how the numbers **UN** and **DAU** correspond to expressing *the same* and *the both*.

1	Ond	ond	But
2	Dim ond	dim ond	Only, nothing but
3	Dw i ond isio hwnna	dwee ond ish-oh hun-nah	I only want that
4	Dw i isio dim ond hwnna	dwee ish-oh dim ond hun-nah	I want only that
5	'Nes i ond gweld	nesh ee ond gweld	I only saw
6	'Nes i ond gweld hwnna	nesh ee ond gweld hun-nah	I only saw that
7	'Na i ond gweld	naa ee ond gweld	I'll only see
8	'Na i ond gweld nhw	naa ee ond gweld noo	I'll only see them
9	Dim ond hwnna	dim ond hun-nah	Nothing but that, only that
10	Ga' i ddim ond hwnna?	gaa ee THim ond hun-nah	May I have only that?
11	Yr un	er een	The same
12	Yr un un	er een een	The same one
13	Yr un peth	er een pehth	The same thing
14	Y ddau	a THa-ee	Both, [lit. the two]
15	Y ddau beth	a THa-ee behth	Both things
16	Ga' i'r un un?	gaa ee-er een een	May I have the same one?
17	Ga' i'r un peth?	gaa ee-er een pehth	May I have the same thing?
18	Ga' i'r ddau?	gaa ee-er THa-ee	May I have both?
19	Ga' i'r ddau beth?	gaa ee-er THa-ee behth	May I have both things?
20	Ga' i ond y ddau beth?	gaa ee ond a THa-ee behth	May I only have [the] both?

Uned Tri Deg Tri - *Unit Thirty-Three*

Aside from annoying our wonderful teachers of Welsh-medium education, whacking a personal pronoun after a noun has become a really common way of showing possession. What's more, there's no mutations to worry about!

1	___ fi	vee	*My ___*
2	Car fi	car vee	*My car*
3	Lle mae?	LLehr ma(-ee)	*Where is?*
4	Lle mae car fi?	LLehr ma(-ee) car vee	*Where's my car?*
5	Wyt ti'n hoffi car fi?	oyt teen ho-fee car vee	*Do you like my car?*
6	Arian	a-ree-an	*Money, silver*
7	'Sgen ti?	sgen tee	*Have you got (a)?*
8	Arian fi	ah-ree-an vee	*My money*
9	'Sgen ti arian fi?	sgen tee ah-ree-an vee	*Have you got my money?*
10	Lle mae arian fi?	LLehr ma(-ee) ah-ree-an vee	*Where's my money?*
11	Lle mae arian fi rŵan?	LLehr ma(-ee) ah-ree-an vee roo-an	*Where's my money now?*
12	'Sgen ti car fi?	sgen tee car vee	*How you got my car?*
13	Ffrind	frind	*Friend*
14	'Sgen ti ffrind?	sgen tee frind	*Have you got a friend?*
15	Ffrind fi	frind vee	*My friend*
16	Lle mae ffrind fi?	LLehr ma frind vee	*Where's my friend?*
17	___ ti	tee	*Your ___*
18	Ffrind ti	frind tee	*Your friend*
19	Lle mae ffrind ti?	LLehr ma frind tee	*Where's your friend?*
20	Dw i'n licio ffrind ti	dween lik-yoh frind tee	*I like your friend*

Uned Tri Deg Pedwar - *Unit Thirty-Four*

Time to look again at that common and versatile verb; **CAEL**. Usually seen/heard to mean '*getting*' or '*having*', here we'll see how it can mean '*to be allowed (to)*':

1	Cael	kaa-al	To get, getting
2	Bod	bord	To be, being
3	Cael bod	kaal bord	Allowed to be, To get to be
4	Ydy o'n?	uh-dee orn	Is he?, Does he?
5	Ydy hi'n?	uh-dee heen	Is she?, Does she?
6	Ydy o'n cael?	uh-dee orn kaal	Is he allowed?, Is he allowed to?
7	Ydy hi'n cael?	uh-dee heen kaal	Is she allowed?, Is she getting to?
8	Yma	uh-mah	Here
9	Yna	uh-nah	There
10	Bod yma	bord uh-mah	To be here
11	Bod yna	bord uh-nah	To be there
12	Cael bod yma	kaal bord uh-mah	Allowed to be here
13	Cael bod yna	kaal bord uh-nah	Allowed to be there
14	Ydy hi'n cael bod yma?	uh-dee orn kaal bord uh-mah	Is she allowed to be here?
15	Ydy o'n cael bod yna?	uh-dee orn kaal bord uh-nah	Is he allowed to be there?
16	Ydy o'n cael mynd?	uh-dee orn kaal min-d	Is he allowed to go?
17	Ydy o'n cael mynd efo nhw?	uh-dee orn kaal min-d eh-voh noo	Is he allowed to go with them?
18	Ydy hi'n cael siarad?	uh-dee heen kaal sha-rad	Is she allowed to speak?
19	Ydy hi'n cael siarad efo hi?	uh-dee heen kaal sha-rad eh-voh hee	Is she allowed to speak with her?
20	Ydy o'n cael siarad efo nhw yma?	uh-dee orn kaal sha-rad eh-voh noo uh-mah	Is he allowed to talk to them here?

Uned Tri Deg Pump - *Unit Thirty-Five*

Here's a funny one. Where in English one might say *I was caught* or *I was seen*, in Welsh we say *I got my catching* or *I got my seeing*. Once your head's round it, you'll be fine!

1	Ces i	kehs ee	*I got (to/a), I had (a)*
2	Fy ___	vuh	*My ___*
3	Geni	geh-nee	*Birth*
4	Yn	un	*In*
5	Ces i fy ngeni yn	kehs ee vung eh-nee un	*I was born in*
6	Dal	dal	*To hold, to catch*
7	Ces i fy nal	kehs ee vuh nal	*I got caught*
8	Ces i fy nal yn	kehs ee vuh nal un	*I got caught [doing something]*
9	Ces i fy nal yng Nghymru	kehs ee vuh nal ung hum-ree	*I got caught in Wales*
10	Crïo	cree-oh	*To cry, crying*
11	Ces i fy nal yn crïo	kehs ee vuh nal un cree-oh	*I got caught crying*
12	Gweld	gweld	*To see, seeing*
13	Ces i fy ngweld	kehs ee vung weld	*I got seen*
14	Pêl	pehl	*A ball*
15	Ces i fy ngweld yn dal pêl	kehs ee vung weld un dal pehl	*I got caught catching a ball*
16	Ces i fy ngweld yn dal y bêl	kehs ee vung weld un dal a behl	*I got caught catching the ball*
17	Synnu	sun-nee	*To suprise*
18	Ces i fy synnu	kehs ee vuh sun-nee	*I got surprised*
19	Ond ces i fy synnu	ond kehs ee vuh sun-nee	*But I got surprised*
20	Ond ces i fy nal wedyn	ond kehs ee vuh nal weh-din	*But I got caught later/after(wards)*

Uned Tri Deg Chwech - *Unit Thirty-Six*

Please, sir... can I have some more? Let's talk about a few foods and when we're eating.

1	Bwyd	boyd	*Food*
2	Cinio	kin-yoh	*Dinner*
3	Te	teh	*Tea*
4	Brecwast	brek-wast	*Breakfast*
5	Swper	sup-ehr	*Supper*
6	Snapin	snap-in	*(a) snack*
7	Brechdan	breCH-dan	*(a) sandwich*
8	Sglodion	sglod-yon	*Chips*
9	llysiau	LLush-eh	*vegetables*
10	Bara menyn	bah-rah men-in	*Bread and butter*
11	T'isho?	tish-oh	*Do you want (a)?*
12	T'isho bwyd?	tish-oh boyd	*Do you want food?*
13	Pryd t'isho te?	preed tish-oh boyd	*When do you want tea?*
14	Pryd t'isho snapin 'fory?	preed tish-oh snap-in voh-ree	*When do you want a snack tomorrow?*
15	Pryd t'isho te heno?	preed tish-oh teh hen-oh	*When do you want tea tonight?*
16	Pryd gawn ni fwyd heno?	preed ga-oon nee voyd hen-oh	*When shall we have food tonight?*
17	Lle gawn ni ginio heddiw?	LLehr ga-oon nee gin-yoh heTH-yoo	*Where shall we have dinner today?*
18	Pryd gawn ni swper?	preed ga-oon nee su-pehr	*When shall we have supper?*
19	T'isho sglodion a bara menyn?	tish-o sglod-yon ah bah-rah men-in	*Do you want chips and bread and butter?*
20	T'isho llysiau neu frechdan	tish-o LLush-eh nay vreCH-dan	*Do you want vegetables or a sandwich?*

Uned Tri Deg Saith - *Unit Thirty-Seven*

Still looking for more? Here's some more questions linked with glorious food.

1	Pryd?	preed	*When?*
2	'Den ni'n	den neen	*We are, we do*
3	'Den ni('n)?	den neen	*Are we?, do we?*
4	Cael	kaal	*To get to, allowed to, to have (some/a)*
5	Pryd 'den ni'n cael?	preed den neen kaal	*When are we allowed [it]?*
6	Pryd 'den ni'n cael b'yta?	preed den neen kaal bit-ah	*When are we allowed to eat [it]?*
7	Pryd 'den ni'n b'yta cinio?	preed den neen bit-ah kin-yoh	*When are we allowed to eat dinner?*
8	Pryd 'den ni'n cael te heno?	preed den neen kaal teh he-noh	*When are we allowed to eat tea tonight?*
9	Faint o'r gloch?	va-eent or glorCH	*What time?*
10	Faint o'r gloch 'den ni'n b'yta?	va-eent or glorCH den neen bit-ah	*What time are we eating?*
11	Faint o'r gloch 'den ni'n cael snapin heddiw?	va-eent or glorCH den neen kaal snap-in heTH-yoo	*What time are we getting a snack today?*
12	Faint o'r gloch t'isho cael sglodion?	va-eent or glorCH tish-oh kaal sglod-yon	*What time do you want to have chips?*
13	Lle 'den ni'n b'yta 'fory?	LLehr den neen boy-tah voh-ree	*Where are we eating tomorrow?*
14	Penwsos	pen-us-os	*Weekend*
15	(Y) penwsos 'ma	(a) pen-us-os mah	*This weekend*
16	Lle 'den ni'n b'yta penwsos 'ma?	LLehr den neen bit-ah pen-us-sos mah	*Where are we eating this weekend?*
17	Faint o'r gloch 'den ni'n b'yta penwsos 'ma?	va-eent or glorCH den neen bit-ah pen-us-os mah	*What time are we eating this weekend?*
18	Pryd 'den ni'n b'yta penwsos 'ma?	preed den neen bit-ah pen-us-os mah	*When are we eating this weekend?*
19	Lle 'den ni'n cael swper heno?	LLehr den neen kaal sup-ehr heh-noh	*Where are we having supper tonight?*
20	Lle a faint o'r gloch 'den ni'n cael te penwsos 'ma?	LLehr ah va-eent or glorCH den neen kaal teh pen-us-os mah	*Where and at what time are we having tea this weekend?*

Uned Tri Deg Wyth - *Unit Thirty-Eight*

It's always nice to have a quick chin-wag about the media and technology – especially in today's modern world!

1	**Lawrlwytho**	laoor-loy-tho	To download, downloading
2	**Ffrydio, strîmio**	frud-yoh, streem-yoh	To stream, streaming
3	**Ffilm**	film	A film, a movie
4	**Miwsig**	moo-zig	Music
5	**Trydar**	trud-ahr	Twitter / to tweet, tweeting
6	**Anfon neges**	an-von neg-es	To send a message, sending a message
7	**Gwrando ar fiwsig**	gran-doh ahr voo-zig	Listen(ing) to music
8	**'Nei di wrando ar fiwsig?**	nay dee ran-doh ahr voo-zig	Will you listen to music?
9	**'Nei di strîmio?**	nay dee streem-yoh	Will you stream [it]?
10	**'Nei di strîmio'r ffilm?**	nay dee streem-yoh film	Will you stream the film?
11	**Ti'n ffansïo?**	teen fan-see-oh	Do you fancy [it]?
12	**Ti'n ffansïo lawrlwytho nhw?**	teen fan-see-oh laoor-loy-tho noo	Do you fancy downloading them?
13	**Ti'n ffansïo lawrlwytho ffilm?**	teen fan-see-oh laoor-loy-tho film	Do you fancy downloading a film?
14	**Ga' i drydar hwnna?**	gaa ee drud-ahr hun-nah	May I tweet that?
15	**Ga' i anfon neges?**	gaa ee an-von neg-es	May I send a message?
16	**Ga' i wrando ar fiwsig rŵan?**	gaa ee ran-doh ahr voo-zig roo-an	May I listen to music now?
17	**Pryd 'nei di strîmio?**	preed nay dee streem-yoh	When will you stream [it]?
18	**Pryd 'nei di strîmio ffilm?**	preed nay dee streem-yoh	When will you stream a film?
19	**Pryd ti'n ffansïo anfon neges?**	preed teen fan-see-oh an-von neg-es	When do you fancy sending a message?
20	**Pryd ga' i drydar heddiw?**	preed gaa ee drud-ahr heTH-yoo	When can I tweet tonight?

Uned Tri Deg Naw - *Unit Thirty-Nine*

Here we'll look at comparatives and how we compare adjectives:

1	Cyflym	kuv-lim	*Fast, quick*
2	Cyflymach	kuv-lum-aCH	*Faster, quicker*
3	Mae'n gyflymach	maan guv-lum-aCH	*It's faster / quicker*
4	Poethach	poy-thaCH	*Hotter*
5	Arafach, slofach	aa-rav-aCH, sloh-vaCH	*Slower*
6	Oerach	oy-raCH	*Colder*
7	Neisiach	nay-shaCH	*Nicer*
8	Poethach ac arafach	poy-thaCH ahk aa-rav-aCH	*Hotter and slower*
9	Oerach ond neisiach	oy-raCH ond nay-shaCH	*Colder but nicer*
10	Cyflymach neu arafach?	kuv-lum-aCH nay aa-rav-aCH	*Faster or slower?*
11	Na	nah	*Than*
12	Poethach na	poy-thaCH nah	*Hotter than*
13	Mae'n boethach na hwnna	maan boy-thaCH nah hun-nah	*It's hotter than that*
14	Mae'n neisiach heddiw	maan nay-shaCH heTH-yoo	*It's nicer today*
15	Mae o'n neisiach	ma orn nay-shaCH	*He's nicer*
16	Mae o'n neisiach na hi	ma orn nay-shaCH nah hee	*He's nicer than her*
17	Mae hi'n neisiach na fi	ma heen nay-shaCH nah vee	*She's nicer than me*
18	Roedd hi'n slofach	royTH heen sloh-vaCH	*It/She was slower*
19	Roedd hi'n boethach na hwnna ddoe	royTH heen boy-thaCH nah hun-nah THoy	*It was nicer than that yesterday*
20	Roedd hi'n boethach ddoe. Mae'n oerach heddiw	royTH heen boy-thaCH THoy. maan oy-raCH heTH-yoo	*It was nicer yesterday. It's colder today.*

Uned Pedwar Deg - *Unit Forty*

One 'mistake' people make is when forming a sentence describing how they're *getting cold, hot, tired* etc. In Welsh, we say we're ***going*** cold etc. Let's see it in action:

1	Cael	kaal	To get, getting
2	Dw i'n cael	dween kaal	I'm getting (a)
3	Dw i'n cael cacen heno	dween kaal ka-ken heh-noh	I'm getting a cake tonight
4	Wyt ti'n cael cacen heno?	oyt teen kaal ka-ken heh-noh	Are you having cake tonight?
5	Ges i gacen neithiwr	gesh ee ga-ken nayth-yor	I had cake last night
6	Gest ti gacen neithiwr?	gest tee ga-ken nayth-yor	Did you have cake last night?
7	Mynd yn	mind un	Getting, [lit. going]
8	Dw i'n mynd yn	dween mind un	I'm getting
9	Dw i'n mynd yn oer	dween mind un oy-er	I'm getting cold
10	Dw i'n mynd yn oer rŵan	dween mind un oy-er roo-an	I'm getting cold now
11	Mae'n mynd yn oer rŵan	maan mind un oy-er roo-an	It's getting cold now
12	Mae'n mynd yn oer rŵan, dydi?	maan mind un oy-er roo-an duh-dee	It's getting cold now, isn't it?
13	Roedd o'n mynd yn boeth	royTH orn mind un boyth	It was getting hot
14	O'n i'n mynd yn boeth	orn een mind un boyth	I was getting hot
15	O'n i'n mynd yn boeth yno	orn een mind un boyth un-oh	I was getting hot [in] there
16	Es i	esh ee	I went
17	Es i'n boeth	esh een boyth	I got hot
18	Es i'n boeth yno	esh een boyth un-oh	I got hot [in] there
19	Dechrau	deCH-reh	To start, starting
20	Dw i'n dechrau mynd yn sâl	dween deCH-reh mind un saal	I'm starting to get sick/ill

Uned Pedwar Deg Un - Unit Forty-One

Seen in standard Welsh as **(R)WYT TI'N(?)**, *you are / are you?* represent yet another staple part of conversational language. We'll also see how the verb **GORFOD** has been appropriated as an 'easier' way of saying *one must*.

1	Ti'n	teen	You're
2	Ti'n?	teen	Are you?, do you?
3	Ti'n iawn	teen ya-oon	You're alright
4	Ti'n iawn?	teen ya-oon	Are you alright?
5	Ti'n iawn i 'neud	teen ya-oon ee nayd	You're alright to do [it]
6	Ti'n iawn i 'neud?	teen ya-oon ee nayd	Are you alright to do [it]
7	Ti'n iawn i 'neud hwnna?	teen ya-oon ee nayd hun-nah	Are you alright to do that?
8	Ti'n iawn i 'neud hwnna i fi?	teen ya-oon ee nayd hun-nah ee vee	Are you alright to do that for me?
9	Gor'o	goh-roh	Must, have to
10	Ti'n gor'o	teen goh-roh	You have to
11	Ti'n gor'o 'neud [o]	teen goh-roh nayd [oh]	You have to do [it]
12	Ti'n gor'o 'neud hwnna	teen goh-roh nayd hun-nah	You have to do that
13	Ti'n gor'o 'neud hwnna rŵan	teen goh-roh nayd hun-nah	You have to do that now
14	Ti'n gor'o 'neud hwnna rŵan?	teen goh-roh nay hun-nah heh-noh	Do you have to do that now?
15	Ti'n gor'o mynd?	teen goh-roh mind	Do you have to go?
16	Ti'n gor'o mynd heno	teen goh-roh min-d heh-noh	You have to go tonight
17	Ti'n iawn i fynd heno?	teen ya-oon ee vind heh-noh	Are you alright to go tonight?
18	Ti'n gor'o mynd heno a ti'n gor'o 'neud hwnna	teen goh-roh mind heh-noh ah teen goh-roh nayd hun-nah	You have to go tonight and you have to do that
19	Ti'n gor'o 'neud hwnna heno neu fynd yn y bore	teen goh-roh nay hun-nah heh-noh nay vind un a boh-reh	You have to do that tonight or go in the morning
20	Ti'n goro 'neud hwnna rŵan neu 'fory bore?	teen goh-roh nayd hun-nah roo-an nay voh-ree boh-reh	Do you have to do that now or tomorrow morning?

Uned Pedwar Deg Dau - *Unit Forty-Two*

When relaying a story or past event, *was* is key. Shortened from the standard **ROEDDWN I'N** (*I was*), here we'll see how to create sentences with **RO'N I'N**.

1	Ro'n i'n	rorn een	I was, I used to
2	Ro'n i'n licio	rorn een lik-yoh	I used to like [it]
3	Ro'n i'n licio hwnna	rorn een lik-yoh hun-nah	I used to like that
4	Ro'n i isho	rorn ee ish-oh	I wanted [it], [lit. I used to want [it]]
5	Ro'n i isho hwnna	rorn ee ish-oh hun-nah	I wanted that
6	Gwybod	gu-bod	To know, knowing
7	Ro'n i'n gwybod	rorn een gu-bod	I knew [it]
8	Ro'n i'n gwybod hwnna	rorn een gu-bod hun-nah	I knew that
9	Ro'n i isho gwybod	rorn ee ish-oh gu-bod	I wanted to know [it]
10	Ro'n i isio gwybod hwnna	rorn ee ish-oh gu-bod hun-nah	I wanted to know that
11	Roedd hwnna'n	royTH hun-nahn	That was
12	Naci	nah-kee	Naci, *(ie small but useful)*
13	Roedd hwnna'n naci	royTH hun-nahn nah-kee	That was naci
14	Roedd hwnna'n rhywbeth	royTH hun-nahn rub-eth	That was something
15	Ro'n i'n licio rhywbeth	rorn een lik-yoh rub-eth	I was liking something
16	Ro'n i'n gwybod rhywbeth	rorn een gu-bod rub-eth	I knew something
17	Ro'n i isio gwybod rhywbeth	rorn ee ish-oh gu-bod rub-eth	I wanted to know something
18	Ro'n i gwybod (r)o'n i isio hwnna	rorn een gu-bod (r)orn ee ish-oh hun-nah	I knew [that] I wanted that
19	Roedd hwnna'n naci. Ro'n i'n licio	royTH hun-nahn nah-kee. rorn een lik-yoh	That was naci. I liked [it]
20	Ro'n i isio rhywbeth naci	rorn ee ish-oh rub-eth nah-kee	I wanted something naci

Uned Pedwar Deg Tri - *Unit Forty-Three*

Let's look in more detail at **WEDI** (perfect tense particle) and how it works with other useful phrases. I reckon you'll like these. They were certainly a huge piece of my Cymraeg jigsaw when I worked them out:

1	Wedi, 'di	weh-dee, dee	*Have/has [been done]*
2	Dw i wedi	dwee weh-dee	*I have [done something]*
3	Dw i wedi mynd	dwee weh-dee mind	*I have gone*
4	Mae hi 'di mynd	ma-ee hee dee mind	*She has gone*
5	Roeddwn i wedi	royTH-un ee weh-dee	*I had [done something]*
6	Ro'n i 'di mynd	rorn ee dee mind	*I had gone*
7	Ro'n i wedi mynd	rorn ee weh-dee mind	*I had gone*
8	Ro'n i 'di blino	rorn ee dee blee-noh	*I had fatigued, I was tired*
9	Bydda' i'n	buTH-a een	*I will (be)*
10	Bydda' i wedi	buTH-a ee weh-dee	*I will have [done something]*
11	Bydda' i wedi mynd	buTH-a ee weh-dee mind	*I will have gone*
12	Bydda' i 'di blino	buTH-a ee dee blee-noh	*I'll be tired*
13	Dylswn i	dul-sun ee	*I should*
14	Dylswn i wedi	dul-sun ee weh-dee	*I should have*
15	Dylswn i 'di mynd	dul-sun ee dee mind	*I should have gone*
16	Licswn i	lik-sun ee	*I would like (to/a)*
17	Licswn i wedi	lik-sun ee weh-dee	*I would like to have [done something]*
18	Licswn i 'di gweld hwnna	lik-sun ee dee gweld hun-nah	*I would like to have seen that*
19	Dylswn i wedi 'neud hwnna ddoe	dul-sun ee weh-dee nayd hun-nah THoy	*I should have done that yesterday*
20	Licswn i wedi 'neud hwnna neithiwr ond ro'n i 'di blino	lik-sun ee weh-dee nayd hun-nah nayth-yor ond rorn ee dee blee-no	*I'd like to have done that last night but I was tired*

Uned Pedwar Deg Pedwar - *Unit Forty-Four*

Time to take a look at what we're about to do, as well as stuff we've just done. You'll notice the word **NEWYDD** (*new*) is used for the latter phrase; as in it's *newly* been done

1	Ar fin	aar veen	About to
2	Ar fin 'neud	arr veen nayd	About to do/make [it]
3	Ar fin 'neud hwnna	aar veen nayd hun-nah	About to do/make that
4	Ar fin 'neud hwnna neithiwr	aar veen nayd hun-nah nayth-yor	About to do that last night
5	Dw i ar fin 'neud hwnna	dwee aar veen nayd hun-nah	I'm about to do that
6	Newydd	neh-wiTH	Have just [done something]
7	Dw i newydd	dwee neh-wiTH	I have just [done something]
8	Dw i newydd fynd	dwee neh-wiTH vind	I have just gone
9	Dw i'm ar fin mynd	dwim aar veen mind	I'm not about to go
10	Dw i newydd 'neud	dwee neh-wiTH nayd	I've just done [it]
11	Dw i newydd 'neud hwnna	dwee neh-wiTH nayd hun-nah	I've just done that
12	Dw i newydd 'neud hwnna rŵan	dwee neh-wiTH nayd hun-nah roo-an	I've just done that now
13	Dw i newydd fynd	dwee neh-wiTH vind	I've just gone
14	Dw i newydd fynd rŵan	dwee neh-wiTH vind roo-an	I've just gone now
15	Gorffen	gor-fen	To finish, finishing
16	Ro'n i wedi gorffen	rorn ee weh-dee gor-fen	I had finished
17	Ro'n i ar fin gorffen	rorn ee aar veen gor-fen	I was about to finish
18	Ro'n i newydd orffen	rorn ee neh-wiTH or-fen	I had just finished
19	Dw i newydd orffen hwnna	dwee neh-wiTH or-fen hun-nah	I've just finished that
20	Ro'n ar fin mynd ond mae o newydd orffen	rorn ee aar veen mind ond ma-ee oh neh-wiTH or-fen	I was about to go but it/he has just finished

Uned Pedwar Deg Pump - *Unit Forty-Five*

Let's talk about the *other* stuff...

1	Peth	pehth	*(a) thing*
2	Arall	ah-raLL	*(an)other, else*
3	Peth arall	pehth ah-raLL	*Another thing*
4	Y peth arall	a pehth ah-raLL	*The other thing*
5	Y peth arall 'ma	a pehth ah-raLL mah	*This other thing*
6	Y peth arall 'na	a pehth ah-raLL nah	*That other thing*
7	Rhywbeth	rub-eth	*Something*
8	Rhywbeth arall	rub-eth ah-raLL	*Something else*
9	Newydd	neh-wiTH	*New*
10	Rhywbeth newydd	rub-eth neh-wiTH	*Something new*
11	Rhywbeth newydd arall	rub-eth neh-wiTH ah-raLL	*Something else new*
12	Hen	hehn	*Old*
13	Rhywbeth hen	roo-beth hehn	*Something old*
14	Rhywbeth hen arall	roo-beth hehn ah-raLL	*Something else old*
15	'Sgen ti?	sgen tee	*Have you got (a)?*
16	'Sgen ti'r peth arall?	sgen teer pehth ah-raLL	*Have you got the other thing?*
17	'Sgen ti rywbeth arall?	sgen tee rub-eth ah-raLL	*Have you got something else?*
18	'Sgen ti rywbeth newydd?	sgen tee rub-eth neh-wiTH	*Have you got something new?*
19	'Sgen ti rywbeth hen?	sgen tee rub-eth hehn	*Have you got something old?*
20	'Sgen ti'r peth newydd arall 'na?	sgen teer pehth neh-wiTH ah-raLL nah	*Have you got that other new thing?*

Uned Pedwar Deg Chwech - *Unit Forty-Six*

Somewhere... anywhere. Something... anything. Some time... any time.

1	Be(th)?	behr(-th)	*What?*
2	Lle?	LLehr	*Where?*
3	Pryd?	preed	*When?*
4	Rhywbeth	rub-eth	*Something*
5	Rhywle	roo-lehr	*Somewhere*
6	Rhywbryd	roo-brid	*Sometime*
7	Rhywbeth arall	rub-eth ah	*Something else, some other thing*
8	Rhywle arall	roo-lehr ah-raLL	*Somewhere else, some other place*
9	Rhywbryd arall	roo-brid ah-raLL	*Sometime else, some other time*
10	Rhywbeth arall?	rub-eth ah-raLL	*Something else?*
11	Rhywle arall?	roo-lehr ah-raLL	*Somewhere else?*
12	Rhywbryd arall?	roo-brid ah-raLL	*Some other time?*
13	Unrhyw beth	in-roo beth	*Anything*
14	Unrhyw le	in-roo lehr	*Anywhere*
15	Unrhyw bryd	in-roo brid	*Anytime*
16	Unrhyw beth arall?	in-roo beth ah-raLL	*Something else?*
17	Unrhyw le arall?	in-roo lehr ah-raLL	*Somewhere else?*
18	Unrhyw bryd arall?	in-roo brid ah-raLL	*Some other time?*
19	Rhywbeth arall neu unrhyw beth arall?	rub-eth ah-raLL nay in-roo beth ah-raLL	*Somewhere else or anywhere else?*
20	Rhywbryd arall neu unrhyw le arall?	rub-eth ah-raLL nay in-roo lehr ah-raLL	*Some other time or anywhere else?*

Uned Pedwar Deg Saith - *Unit Forty-Seven*

HEB doesn't only just serve as the preposition; *without*. In modern times, people have started using it to expressed that one *hasn't done something* – one is *without* doing it:

1	Heb	hehb	*Without*
2	Dw i heb	dwee hehb	*I haven't [done something]*
3	Dw i heb fod	dwee heb vord	*I haven't been*
4	Dw i ddim wedi bod	dwee THim weh-dee bord	*I haven't been*
5	Dw i heb siarad	dwee hehb sha-rad	*I haven't spoken/talked*
6	Dw i heb siarad efo hi	dwee hehb sha-rad eh-voh hee	*I haven't spoken to her*
7	Dw i heb siarad efo hi heddiw	dwee hehb sha-rad eh-voh hee heTH-yoo	*I haven't spoken to her today*
8	Dw i heb fod	dwee hehb vord	*I haven't been*
9	Dw i heb fod yna	dwee hehb vord uh-nah	*I haven't been there*
10	Dw i heb fod yna heddiw	dwee hehb vord uh-nah heTH-yoo	*I haven't been there today*
11	Dw i heb fod yna eto	dwee hehb vord uh-nah eh-toh	*I haven't been there yet*
12	Dw i heb 'neud	dwee hehb nayd	*I haven't done/made [it]*
13	Dw i heb 'neud hwnna	dwee hehb nayd hun-nah	*I haven't done/made that*
14	Dw i heb 'neud hwnna eto	dwee hehb nayd hun-nah eh-toh	*I haven't done/made that yet*
15	Dw i heb 'neud eto	dwee hehb nayd eh-toh	*I haven't done/made [it] yet*
16	Pam?	pam	*Why?*
17	Pam dw i heb fod?	pam dwee hehb vord	*Why haven't I been?*
18	Pam dw i heb siarad eto?	pam dwee hehb sha-rad eh-toh	*Why haven't I spoken yet?*
19	Pam dw i heb 'neud hwnna?	pam dwee hehb nayd hun-nah	*Why haven't I done/made that?*
20	Pam dw i heb fod yna eto?	pam dwee hehb vord uh-nah eh-toh	*Why haven't I been there yet?*

Uned Pedwar Deg Wyth - *Unit Forty-Eight*

Following on from the previous unit, let's no see how we can link up **HEB** with the second person:

1	Heb	hehb	*Without*
2	Pam?	pam	*Why?*
3	Pam ti ddim yn mynd?	pam tee THim un mind	*Why aren't you going?*
4	Pam ti heb fynd?	pam tee hehb vind	*Why haven't you gone?*
5	Pam ti heb fynd rhywle?	pam tee hehb vind roo-leh	*Why haven't you gone somewhere?*
6	Pam ti heb fynd rhywle arall?	pam tee hehb vind roo-leh ah-raLL	*Why haven't you gone somewhere else?*
7	Pam ti heb fynd rhywle newydd arall?	pam tee hehb vind roo-leh ah-raLL	*Why haven't you gone somewhere else new?*
8	Lle ti heb fynd?	LLehr tee hehb vind	*Where haven't you gone?*
9	Lle ti heb fod?	LLehr tee hehb vord	*Where haven't you been?*
10	Wyt ti heb fynd?	oyt tee hehb vind	*Haven't you gone?*
11	Wyt ti heb fod?	oyt tee hehb vord	*Haven't you been?*
12	Wyt ti heb fynd yne?	oyt tee hehb vind uh-neh	*Haven't you gone there?*
13	Wyt ti heb fod yne?	oyt tee hehb vord uh-neh	*Haven't you been there?*
14	Be' ti heb 'neud?	behr tee hehb nayd	*What haven't you done?*
15	Be' ti heb orffen?	behr tee hehb or-fen	*What haven't you finished?*
16	Wyt ti heb fynd rhywle?	oyt tee hehb vind roo-leh	*Haven't you gone somewhere?*
17	Wyt ti heb fod rhywle?	oyt tee hehb vord roo-leh	*Haven't you been somewhere?*
18	Pam ti heb 'neud hwnna?	pam tee hehb nayd hun-nah	*What haven't you done that?*
19	Pam ti heb orffen hwnna?	pam tee hehb or-fen hun-nah	*Why haven't you finished that?*
20	Pam ti heb fod yne?	pam tee hehb vord uh-neh	*Why haven't you been there?*

Uned Pedwar Deg Naw - *Unit Forty-Nine*

Although the term **EDRYCH** means '*to look, looking*' in more formal language, **SBÏO** (literally '*to spy, spying*' is often used in common speech across north Wales:

1	Sbïo	sbee-oh	*To look, looking*
2	Sbïa!	sbee-ah	*Look!*
3	Sbïwch!	sbee-uCH	*Look!*
4	Ar	aar	*On*
5	Sbïo ar	sbee-oh aar	*To look at*
6	Mae o'n sbïo	ma-ee orn sbee-oh	*He's looking*
7	Dw i'm yn	dwim un	*I'm not, I don't*
8	Dw i'm yn sbïo	dwim un sbee-oh	*I'm not looking*
9	Mae hi'n sbïo ar hwnna	ma-ee heen sbee-oh aar hun-nah	*She's looking at that*
10	Dw i'm yn sbïo ar hwnna	dwim un sbee-oh aar hun-nah	*I'm not looking at that*
11	Sbïa ar hwnna	sbee-ah aar hun-nah	*Look at that*
12	Sbïwch ar hwnna	sbee-uCH aar hun-nah	*Look at that*
13	Dw i'm yn sbïo ar hwnna	dwim un sbee-oh ar hun-nah	*I'm not looking at that*
14	Mae o'n sbïo ar hwnna	ma-ee orn sbee-oh ar hun-nah	*He's looking at that*
15	Sbïwch ar y gath 'na	sbee-uCH ar a gaath nah	*Look at that cat*
16	Sbïwch ar y gwaith 'ma	sbee-uCH ar a gwa-eeth mah	*Look at this work*
17	'Nei di sbïo?	nay dee sbee-oh	*Will you look?*
18	'Nei di sbïo ar hwnna?	nay dee sbee-oh ar hun-nah	*Will you look at that?*
19	'Nei di sbïo ar hwnna i fi?	nay dee sbee-oh ar hun-nah ee vee	*Will you look at that for me?*
20	'Nei di sbïo ar hwnna i fi heno?	nay dee sbee-oh ar hun-nah ee vee hen-oh	*Will you look at that for me tonight?*

Uned Pum Deg - *Unit Fifty*

We've clearly been exposed already to how useful the **'NA I, NEI DI, NEITH O** etc construction can be. Let's look in more detail now about how it can be further utilised in the third person:

1	Neith ___	nayth	___ will [do/make something]
2	Neith hwnna	nayth hun-nah	That will [do/make something]
3	Neith hwnna fynd	nayth hun-nah vind	That'll go
4	Neith hwnna weithio	nayth hun-nah wayth-yoh	That'll work
5	Neith ___ ddim	nayth ___ THim	___ won't [do/make something]
6	Neith hwnna ddim mynd	nayth hun-nah THim mind	That won't go
7	Neith hwnna ddim gweithio	nayth hun-nah THim gwayth-yoh	That won't work
8	Neith pawb ddysgu	nayth pa-oob THus-gee	Everyone will learn
9	Neith y grŵp ddysgu	nayth a groop THus-gee	The group will learn
10	Neith y grŵp ddim dysgu	nayth a groop THim dus-gee	The group won't learn
11	Neith y grŵp 'ma ddysgu	nayth a groop mah THus-gee	This group will learn
12	Neith y grŵp 'na ddysgu	nayth a groop nah THus-gee	That group will learn
13	Neith hwnna fynd?	nayth hun-nah vind	Will that go?
14	Neith hwnna weithio?	nayth hun-nah wayth-yoh	Will that work?
15	Neith pawb ddysgu?	nayth pa-oob THus-gee	Will everyone learn?
16	Neith y grŵp ddim dysgu?	nayth a groop THim dus-gee	Will the group learn?
17	Neith y grŵp 'ma ddysgu?	nayth a groop mah THus-gee	Will this group learn?
18	Neith y grŵp 'na ddysgu?	nayth a groop nah THus-gee	Will that group learn?
19	Neith pawb fynd	nayth pa-oob vind	Everyone will go
20	Neith pawb fynd heno?	nayth pa-oob vind heh-noh	Will everyone go tonight?

Uned Pum Deg Un - *Unit Fifty-One*

Let's have another look at how to express **SHOULD** in Welsh. You'll notice how it, just like most verbs in common sentences, it usually finds itself at the start of a clause:

1	Dylse ___	dul-seh	___ should
2	Dylse pawb	dul-seh pa-oob	Everyone should
3	Dylse pawb fynd	dul-seh pa-oob vind	Everyone should go
4	Dylse pawb drïo	dul-seh pa-oob dree-oh	Everyone should try
5	Dylse pawb drïo mynd	dul-seh pa-oob dree-oh mind	Everyone should try to go
6	Dylse hwnna	dul-seh hun-nah	That should
7	Dylse hwnna fynd	dul-seh hun-nah vind	That should go
8	Gweithio	gwayth-yoh	To work, working
9	Dylse hwnna weithio	dul-seh hun-nah wayth-yoh	That should work
10	Dylse pawb weithio	dul-seh pa-oob wayth-yoh	Everyone should work
11	Dylse hwnna weithio rŵan	dul-seh hun-nah wayth-yoh	That should work now
12	Dylse pawb weithio rŵan	dul-seh pa-oob wayth-yoh roo-an	Everyone should work now
13	Dylse hwnna weithio i ti	dul-seh hun-nah wayth-yoh ee tee	That should work for you
14	Dylse pawb drïo gweithio	dul-seh pa-oob dree-oh gwayth-yoh	Everyone should try to work
15	Dylse pawb mynd yma	dul-seh pa-oob mind uh-mah	Everyone should go here
16	Dylse'r bobl 'na drïo	dul-sehr bob-ol nah dree-oh	Those people should try
17	Dylse'r bobl 'na drïo gweithio	dul-sehr bob-ol nah dree-oh gwayth-yo	Those people should try to work
18	Pwy?	poy	Who(m)?
19	Pwy ddylse fynd?	poy THul-seh vind	Who should go?
20	Pwy ddylse weithio yma?	poy THul-seh wayth-yo uh-ma	Who should work here?

Uned Pum Deg Dau - *Unit Fifty-Two*

To express *preference* in Welsh, we employ the word **WELL** (*better*). Essentially, we're just saying what's **better** with us when we say what we *prefer*!

1	(Mae'n) well gen i	(maan) weLL gen ee	I prefer
2	Well gen i fynd	weLL gen ee vind	I prefer going
3	Well gen i drïo	weLL gen ee dree-oh	I prefer trying (a/to)
4	Well gen i hwnna	weLL gen ee hun-nah	I prefer that
5	Well gen i weld	weLL gen ee weld	I prefer seeing
6	Well gen i fynd efo hi	weLL gen ee vind eh-voh vee	I prefer going with her
7	Well gen i drïo hwnna	weLL gen ee dree-oh hun-nah	I prefer trying that
8	Well gen i hwnna rŵan	weLL gen ee hun-nah roo-an	I prefer that now
9	Well gen i weld hwnna	weLL gen ee weld hun-nah	I prefer seeing that
10	Roedd well gen i	royTH weLL gen ee	I preferred (a/to)
11	'Sa'n well gen i	san weLL gen ee	I would prefer (a/to)
12	Bydd well gen i	beeTH weLL gen ee	I will prefer (a/to)
13	Roedd well gen i hwnna	royTH weLL gen ee hun-nah	I preferred that
14	'Sa'n well gen i hwnna	san weLL gen ee hun-nah	I would prefer that
15	Bydd well gen i hwnna	beeTH weLL gen ee hun-nah	I will prefer that
16	Na	nah	Than, over
17	Well gen i hwn na hwnna	weLL gen ee hun nah hun-nah	I prefer this over that
18	Roedd well gen i hwn na hwnna	royTH weLL gen ee hun nah hun-nah	I preferred this over that
19	'Sa'n well gen i hwn na hwnna	san weLL gen ee hun nah hun-nah	I'd prefer this over that
20	Bydd well gen i hwn na hwnna	beeTH weLL gen ee hun nah hun-han	I'll prefer this over that

Uned Pum Deg Tri - *Unit Fifty-Three*

Hands off! Here's how to tell people who owns what!

#	Welsh	Pronunciation	English
1	Pia(u)	pee-ah	*To own*
2	Fi sy' bia	vee see bee-ah	*It's mine*
3	Fi sy' bia?	vee see bee-ah	*Is it mine?*
4	Fi sy' bia hwnna	vee see bee-ah hun-nah	*That's mine*
5	Fi sy' bia hwnna?	vee see bee-ah hun-nah	*Is that mine?*
6	Ti sy' bia hwnna	tee see bee-ah hun-nah	*It's yours*
7	Ti sy' bia hwnna?	tee see bee-ah hun-nah	*Is it yours?*
8	Pwy sy' bia'?	poy see bee-ah	*Whose is it?*
9	Pwy sy' bia hwnna?	poy see bee-ah hun-nah	*Whose is that?*
10	Pwy sy' bia'r diod 'ma?	poy see bee-ahr dee-od mah	*Whose is this drink?*
11	Pwy sy' bia'r diod 'na?	poy see bee-ahr dee-od nah	*Whose is that dtink?*
12	Pwy sy' bia'r cwrw 'ma?	poy see bee-ahr cu-roo mah	*Whose is this beer?*
13	Pwy sy' bia'r cwrw 'na?	poy see bee-ahr cu-roo nah	*Whose is that beer?*
14	Fi sy' bia'r diod 'ma	vee see bee-ahr dee-od mah	*This drink's mine*
15	Fi sy' bia'r diod 'na?	vee see bee-ahr dee-od nah	*Is that drink mine?*
16	Ti sy' bia'r cwrw 'ma	tee see bee-ahr cu-roo mah	*This beer's yours*
17	Ti sy' bia'r cwrw 'na?	tee see bee-ahr cu-roo nah	*Is that beer yours?*
18	T'isho?	tish-oh	*Do you want (to/a)/[it]?*
19	Fi sy' bia hwnna. T'isho?	vee see bee-ah hun-nah. tish-oh	*That's mine. Do you want it?*
20	Fi sy' bia'r gacen 'na. T'isho un?	vee see bee-ahr gah-ken nah. tish-oh een	*That cake's mine. Do you want one?*

Uned Pum Deg Pedwar - *Unit Ffity-Four*

We'll largely look at how to use negatives in the conditional / past habitual tense here… with an added sprinkling of being in someone else's shoes:

1	'Swn i'm yn	sun im un	I wouldn't (be)
2	'Se ti'm yn	seh tim un	You wouldn't (be)
3	'Swn i'm yn mynd	sun im un mind	I wouldn't go
4	'Se ti'm yn mynd	seh tim un mind	You wouldn't go
5	'Swn i'm yn mynd yne	sun im un mind uh-neh	I wouldn't go there
6	'Sa fo ddim yn mynd	sah voh THim un mind	He wouldn't go
7	'Sa hi ddim yn mynd	sah hee THim un mind	She wouldn't go
8	'Se ti ddim yn hapus	seh tee THim un ha-pis	You wouldn't be happy
9	'Sa fo ddim yn hapus	sah voh THim un ha-pis	He wouldn't be happy
10	'Sa hi ddim yn hapus	sah hee THim un ha-pis	She wouldn't be happy
11	'Sa hwnna'm yn iawn	sah hun-nahm un	That wouldn't be alright
12	'Sen ni ddim yn hapus	sen nee THim un ha-pis	We wouldn't be happy
13	'Sech chi ddim yn hapus	seCH CHee THim un ha-pis	You wouldn't be happy
14	'Sen nhw ddim yn hapus	sen noo THim un ha-pis	They wouldn't be happy
15	Lle	LLehr	Place
16	Yn dy le di	un duh lehr dee	In your place, [in your shoes]
17	'Swn i yn dy le di	sun ee un duh lehr dee	If I was in your place/shoes
18	'Swn i'm yn mynd yne, 'swn i yn dy le di	sun im un mind uh-neh sun ee un duh lehr dee	I wouldn't go there, if I were you
19	'Swn i'm yn 'neud hwnna, 'swn i yn dy le di	sun im un nayd hun-nah sun ee un duh lehr dee	I wouldn't do that, if I were you
20	'Swn i'm yn sbïo ar hwnna, 'swn i yn dy le di	sun im un sbee-oh aar hun-nah sun ee un duh lehr dee	I wouldn't look at that, if I were you

Uned Pum Deg Pump - *Unit Fifty-Five*

Once again that cheeky **'M** has shown up. Remember, it's only a shortening of **DDIM** and you'll be surprised how well you'll notice it when listening to others.

1	'Nes i'm	nesh im	I didn't [do/make something]
2	'Nest ti'm	nes tim/teem	You didn't [do/make] something
3	'Naeth o'm	nath om, na-eeth om	He didn't [do/make something]
4	'Naeth hi'm	nath heem, na-eeth heem	She didn't [do/make something]
5	'Naethon ni'm	natho-neem	We didn't [do/make something]
6	'Naethoch chi'm	nath-o CHeem	You didn't [do/make something]
7	'Naethon nhw'm	nath-o noom	They didn't [do/make something]
8	'Nes i'm gweld	nesh im gweld	I didn't see [it]
9	'Nest ti'm gweld?	nest tim gweld	Didn't you see [it]?
10	'Naeth o'm gweld	nath om gweld	He didn't see [it]
11	'Naeth hi'm gweld?	nath heem gweld	Didn't she see [it]?
12	'Naethon ni'm gweld	nath-o neem gweld	We didn't see [it]
13	'Naethoch chi'm gweld?	nath-o CHeem gweld	Didn't you see [it]?
14	'Naethon nhw'm gweld	nath-o noom gweld	They didn't see [it]
15	'Nes i'm gweld hwnna?	nesh im gweld hun-nah	Didn't I see that?
16	'Nest ti'm gweld hwnna	nest teem gweld hun-nah	You didn't see that
17	'Naeth o'm gweld hwnna?	nath om gweld hun-nah	Didn't he see that?
18	'Naeth hi'm gweld hwnna	nath heem gweld hun-nah	She didn't see that
19	'Naeth o'm gweld y bobl?	nath om gweld a bob-ol	Didn't he see the people?
20	'Naeth hi'm gweld y bobl na?	nath heem gweld a bob-ol nah	Didn't she see those people?

Uned Pum Deg Chwech – *Unit Fifty-Six*

It's purely down to an error in my organisation of these units that I've left such an important set of phrases until unit fifty-six. Better late than never though, huh?

1	Mae gena' i	ma geh-nah ee	I've got (a)
2	Mae fi gyn	ma vee gin	I've got (a)
3	Gwaith	gwa-eeth	[Some] work
4	Mae gena' i waith	ma geh-nah ee wa-eeth	I've got work
5	Mae gena' i waith yma	ma geh-nah ee wa-eeth uh-mah	I've got [some] work here
6	Mae gena' i waith yma i ti	ma geh-nah ee wa-eeth uh-mah ee tee	I've got [some] work here for you
7	Mae gena' i rywbeth	ma geh-nah ee rub-eth	I've got something
8	Mae gena' i rywbeth yma	ma geh-nah ee rub-eth uh-mah	I've got something here
9	Mae gena' i rywbeth yma i ti	ma geh-nah ee rub-eth uh-mah ee tee	I've got something here for you
10	Mae fi gyn rywbeth yma i ti	ma vee gin rub-eth uh-mah ee tee	I've got something here for you
11	I orffen	ee ohr-fen	To finish
12	Gwaith i orffen	gwa-eeth ee ohr-fen	[Some] work to finish
13	Mae fi gyn waith i orffen	ma vee gin wa-eeth ee ohr-fen	I've got [some] work to finish
14	Mae gena' i waith i orffen heno	ma geh-nah ee wa-eeth ee ohr-fen heh-noh	I've got [some] work to finish tonight
15	Bwyd	boyd	Food
16	Mae gena' i fwyd	ma geh-nah ee voyd	I've got [some] food
17	Mae gena' i fwyd i orffen	ma geh-nah ee voyd ee ohr-fen	I've got [some] food to finish
18	Mae gena' i fwyd i orffen heno	ma geh-nah ee voyd ee ohr-fen	I've got [some] food to finish tonight
19	Mae gena' i fwyd i orffen rŵan	ma geh-nah ee voyd ee ohr-fen	I've got [some] food to finish now
20	Mae fi gyn waith a bwyd i orffen rŵan	ma vee gin wa-eeth ah boyd ee ohr-fen roo-an	I've got work and food to finish now

Uned Pum Deg Saith - *Unit Fifty-Seven*

Some will already be aware that **CES I** means *I HAD* or *I GOT*. When we're talking about things we *used to have* (as in '*used to own / possess*'), the term translates literally to '*there was with me*'. Take a look:

1	Roedd gena' i	royTH geh-nah ee	I had, I used to have
2	Ro'n i gyn	rorn ee gin	I had, I used to have
3	Roedd gena' i amser	royTH geh-nah ee am-seh	I had time
4	Roedd gena' i amser ddoe	royTH geh-nah ee am-seh THoy	I had time yesterday
5	Roedd gena' i gar	royTH geh-nah ee gar	I had a car
6	Roedd gena' i gar coch	royTH geh-nah ee gar korCH	I had a red car
7	Roedd gena' i waith	royTH geh-nah ee waeeth	I had [some] work
8	Roedd gena' i waith i orffen	royTH geh-nah ee waeeth ee or-fen	I had [some] work to finish
9	Doedd gena' i'm	doyTH geh-nah eem	I didn't have
10	Do'n i ddim gyn	dorn ee THim gin	I didn't have
11	Doedd gena' i'm amser ddoe	doyTH geh-nah eem am-seh THoy	I didn't have [any] time yesterday
12	Ers talwm	ehrs tal-um	In times gone by
13	Roedd gena' i gar coch ers talwm	royTH geh-nah ee gar korCH ehre tal-um	I used to have a red car in times gone by
14	Oedd gena' i?	oyTH geh-nah ee	Did I [used to] have (a)?
15	Oedd gena' i amser?	oyTH geh-nah ee	Did I have time?
16	O'n i gyn?	orn ee gin	Did I [used to] have?
17	O'n i gyn amser?	orn ee gin am-seh	Did I have time?
18	Oedd gena' i amser ddoe?	oyTH geh-nah ee am-seh THoy	Did I have time yesterday?
19	Oedd gena' i gar ers talwm?	oyTH geh-nah ee gar ehrs tal-um	Did I have a car in times gone by?
20	Oedd gena' i waith i orffen ddoe?	oyTH geh-nah ee waeeth ee or-fen THoy	Did I have work to finish yesterday?

Uned Pum Deg Wyth - *Unit Fifty-Eight*

Let's have a look at how we express that we *will have* something. We also see use of **I'W** (*to*) here which is a tad more standard than a simple (yet wholly comprehendable) **I**.

1	Bydd gena' i	beeTH geh-nah ee	I will have [I'll be in possession of]
2	Bydd gena' i gacen	beeTH geh-nah ee ga-ken	I will have a cake
3	Bydd gena' i ddiod	beeTH geh-nah ee THee-od	I will have a drink
4	Bydd gena' i waith	beeTH geh-nah ee waeeth	I will have [some] work
5	I'w	ee-oo	To [its]
6	Cacen i'w f'yta	ka-ken ee-oo vit-ah	A/some cake to eat
7	Diod i'w yfed	dee-od ee-oo uv-ed	A drink to drink
8	Gwaith i'w orffen	gwaeeth ee-oo or-fen	Work to finish
9	Bydd gena' i gacen i'w f'yta	beeTH geh-nah ee ga-ken ee-oo vit-ah	I'll have cake to eat
10	Bydd gena' i ddiod i'w yfed	beeTH geh-nah ee THee-od ee-oo uh-ved	I'll have a drink to drink
11	Bydd gena' i waith i'w orffen	beeTH geh-nah ee waeeth ee-oo or-fen	I'll have work to finish
12	Erbyn	ehr-bin	Against, by
13	Erbyn 'fory	ehr-bin voh-ree	By tomorrow
14	Erbyn hwnna	ehr-bin hun-nah	By that, by then
15	Bydd gena' i hwnna erbyn 'fory	beeTH geh-nah ee hun-nah ehr-bin voh-ree	I'll have that by tomorrow
16	Bydd gena' i gacen erbyn hwnna	beeTH geh-nah ee ga-ken ehr-bin hun-nah	I'll have a cake by then
17	Fydd gena' i...?	veeTH geh-nah ee	Will I have (a)...?
18	Fydd gena' i gacen?	veeTH geh-nah ee ga-ken	Will I have [a/some] cake?
19	Fydd gena' i waith i'w orffen?	veeTH geh-nah ee waeeth ee-oo or-fen	Will I have work to finish?
20	Fydd gena' i waith i'w orffen erbyn hwnna?	veeTH geh-nah ee waeeth ee-oo or-fen ehr-bin hun-nah	Will I have work to finish by then?

Uned Pum Deg Naw - *Unit Fifty-Nine*

Time to have another play around with some new verbs. This time we'll look at how to link two or more together to create more complex sentences.

1	Cerdded	kehr-THed	To walk, walking
2	Rhedeg	red-eg	To run, running
3	Nofio	nov-yoh	To swim, swimming
4	Chwarae	CHwa-reh	To play, playing
5	Cysgu	kus-gee	To sleep, sleeping
6	Dysgu	dus-gee	To learn, learning
7	Crïo	cree-oh	To cry, crying
8	Trïo	tree-oh	To try (to), trying (to)
9	Trïo crïo	tree-oh kus-gee	Try(ing) to cry
10	Trïo dysgu	tree-oh dus-gee	Try(ing) to sleep
11	Mae hi'n trïo rhedeg	ma heen tree-oh red-eg	She's trying/She tries to run
12	Mae'r bobl yn trïo	mahr bob-ol un tree-oh	The people try/are trying
13	Mae'r bobl yn trïo nofio	mahr bob-ol un tree-oh nov-yoh	The people try/are trying to swim
14	Dw i isio trïo	dwee ish-oh tree-oh	I want to try (a/to)
15	Dw i isio trïo'r gacen	dwee ish-oh tree-ohr ga-ken	I want to try the cake
16	Dw i isio trïo'r gacen 'na	dwee ish-oh tree-ohr ga-ken nah	I want to try that cake
17	Dw i isio trïo rhedeg; dim cerdded	dwee ish-oh tree-oh red-eg dim kehr-THed	I want to try running; not walking
18	Dw i isio cysgu heno	dwee ish-oh kus-gee heh-noh	I want to sleep tonight
19	Dw i ddim isio crïo	dwee THim ish-oh cree-oh	I don't want to cry
20	Dw i isio trïo chwarae	dwee ish-oh tree-oh CHwa-reh	I want to try to play

Uned Chwe Deg - *Unit Sixty*

Perfect, lovely, and perfectly lovely. I'll tell you what isn't all those things... getting your head around this unit. All the best. You'll be perfectly fine!

1	Perffaith	pear-faeeth	*Perfect*
2	Mae'n berffaith	maan behr-faeeth	*It's perfect*
3	Roedd o'n berffaith	royTH on behr-faeeth	*It was perfect*
4	Bydd o'n berffaith	beeTH on behr-faeeth	*It'll be perfect*
5	Mae hwnna'n berffaith	ma hun-nahn behr-faeeth	*That's perfect*
6	Roedd hwnna'n berffaith	royTH hun-nahn behr-faaeth	*That was perfect*
7	Bydd hwnna'n berffaith	beeTH hun-nahn behr-faeeth	*That'll be perfect*
8	'Sa hwnna'n	sah hun-nahn	*That would (be)*
9	'Sa hwnna'n berffaith	sah hun-nahn behr-faeeth	*That would be perfect*
10	'Sa hwnna'n hyfryd	sah hun-nahn huv-rid	*That would be lovely*
11	'Sa hwnna'n berffaith a hyfryd	sah hun-nahn behr-faeeth huv-rid	*That would be perfect and lovely*
12	Perffaith hyfryd	pear-faeeth huv-rid	*Perfectly lovely*
13	Perffaith iawn	pear-faeeth ya-oon	*Perfectly alright*
14	'Sa hwnna'n berffaith iawn	sah hun-nahn behr-faeeth ya-oon	*That would be perfectly alright*
15	Mae hwnna'n berffaith iawn	ma hun-nahn behr-faeeth ya-oon	*That's perfectly alright*
16	Roedd hwnna'n berffaith iawn	royTH hun-nahn behr-faeeth ya-oon	*That was perfectly alright*
17	Mae hwnna'n berffaith a hyfryd	ma hun-nahn behr-faeeth ah huv-rid	*That's perfect and lovely*
18	Roedd hwnna'n berffaith a hyfryd	royTH hun-nahn behr-faeeth ah huv-rid	*That was perfect and lovely*
19	Bydd hwnna'n berffaith iawn	beeTH hun-nahn behr-faeeth ya-oon	*That will be perfectly alright*
20	Bydd hwnna'n berffaith a hyfryd	beeTH hun-nahn behr-faeeth ah huv-rid	*That'll be perfect and lovely*

Uned Chwe Deg Un - *Unit Sixty-One*

Looking at a few more questions using WHERE, as well as the concise future tense version of MYND. You'll like these:

1	Lle?	LLehr	*Where?*
2	Ei di	ay dee	*You'll go*
3	Ei di?	ay dee	*Will you go?*
4	Lle ei di?	LLehr ay dee	*Where will you go?*
5	Lle ei di 'fory?	LLehr ay dee voh-ree	*Where will you go tomorrow?*
6	Lle ei di yn y bore?	LLehr ay dee un a boh-reh	*Where will you go in the morning?*
7	Lle ei di 'fory bore?	LLehr ay dee voh-ree boh-reh	*Where will you go tomorrow morning?*
8	Lle ei di efo hi?	LLehr ay dee eh-voh hee	*Where will you go with her?*
9	Lle ei di efo nhw?	LLehr ay dee eh-voh noo	*Where will you go with them?*
10	Lle ei di efo ni?	LLehr ay dee eh-voh nee	*Where will you go with us?*
11	Lle ei di efo fi?	LLehr ay dee eh-voh vee	*Where will you go with me?*
12	Lle ei di efo nhw 'fory?	LLehr ay dee eh-voh noo voh-ree	*Where will you go with them tomorrow?*
13	Lle ei di efo ni yn y bore?	LLehr ay dee eh-voh nee un a boh-reh	*Where will you go with us in the morning?*
14	Lle ei di efo fo 'fory bore?	LLehr ay dee eh-voh voh voh-ree boh-reh	*Where will you go with him tomorrow morning?*
15	Lle ei di am un?	LLehr ay dee am een	*Where will you go at one?*
16	Lle ei di am bump?	LLehr ay dee am bimp	*Where will you go at five?*
17	Lle ei di am bump 'fory?	LLehr ay dee am pimp voh-ree	*Where will you go at five tomorrow?*
18	Lle ei di efo nhw am un 'fory?	LLehr ay dee ah-voh noo am een voh-ree	*Where will you go with them at one tomorrow?*
19	Lle ei di efo hi yn y bore am saith?	LLehr ay dee eh-voh hee un a boh-reh am saeeth	*Where will you go with her in the morning at seven?*
20	Lle ei di efo nhw am bedwar 'fory bore?	LLehr ay dee eh-voh noo am bed-wahr voh-ree boh-reh	*Where will you go with them at four tomorrow morning?*

Uned Chwe Deg Dau - *Unit Sixty-Two*

We've met **CAEL** (*to get, to have*) previously, but this little word has something else up it's sleeve. Am I ***allowed*** to tell you?

1	Cael	kaal	Get(ing (to)), allowed (to/a)
2	Dw i'n cael	dween kaal	I'm getting (to/a)
3	Dw i'n cael?	dween kaal	Am I getting (to/a)? Am I allowed (to/a)?
4	Dw i'n cael mynd?	dween kaal min-d	Am I allowed to go?
5	Dw i'n cael mynd rŵan	dween kaal min-d roo-an	I'm allowed to go now
6	Dw i'n cael cacen?	dween	Am I allowed a/some cake?
7	Dw i'n cael cacen 'fory	dween kaal ka-ken voh-ree	I'm getting a/some cake tomorrow
8	Dw i'n cael trïo?	dween kaal tree-oh	Am I allowed to try [it]?
9	Dw i'n cael trïo'r gacen 'ma?	dween kaal tree-ohr ga-ken mah	Do I get to try this cake?
10	Dw i'n cael yfed diod?	dween kaal uh-ved dee-od	Do I get to drink a drink?
11	Dw i'n cael yfed y diod?	dween kaal uh-ved a dee-od	Do I get to drink the drink?
12	Dw i'n cael yfed y diod 'na?	dween kaal uh-ved a dee-od nah	Do I get to drink that drink?
13	Dŵad	doo-ad	To come, coming
14	Cael dŵad	kaal doo-ad	Get(ting) to come
15	Dw i'n cael dŵad?	dween kaal doo-ad	Do I get to come?
16	Dw i'n cael dŵad efo ti?	dween kaal doo-ad eh-voh tee	Do I get to come with you?
17	Dw i'n cael mynd efo ti?	dween kaal mind eh-voh tee	Do I get to go with you?
18	Dw i'n cael dŵad efo ti bore 'ma?	dween kaal doo-ad eh-voh tee boh-reh mah	Do I get to come with you this morning?
19	Dw i'n cael mynd efo ti 'fory?	dween kaal mind eh-voh tee voh-ree	Do I get to go with you tomorrow?
20	Dw i'n cael dŵad efo ti?	dween kaal doo-ad eh-voh tee	Do I get to come with you?

Uned Chwe Deg Tri - *Unit Sixty-Three*

Now we're going to link some question terms with some question words to make some sentences that aren't even questions...

1	Be'?	behr	*What?*
2	Ydi o?	uh-dee oh	*Is it?*
3	Be' ydi o?	behr uh-dee oh	*What is it?*
4	Pwy?	poy	*Who?*
5	Pwy ydi o?	poy uh-dee oh	*Who is it?*
6	Be' ydi hwnna?	behr uh-dee hun-nah	*What is that?*
7	Pwy ydi hwnna?	poy uh-dee hun-nah	*Who is that?*
8	Pwy neu be' ydi o?	poy nay behr uh-dee oh	*Who or what is it?*
9	Dw i'm yn	dwim un	*I don't, I'm not*
10	Dw i'm yn gwybod	dwim un gub-od	*I don't know*
11	Dw i'm yn gwybod be'	dwim un gub-od behr	*I don't know what*
12	Dw i'm yn gwybod pwy	dwim un gub-od poy	*I don't know who*
13	Dw i'm yn gwybod pwy ydi hwnna	dwim un gub-od poy uh-dee hun-nah	*I don't know who that is*
14	Dw i'm yn gwybod be' ydi hwnna	dwim un gub-od behr uh-dee hun-nah	*I don't know what that is*
15	Ga' i?	gaa ee	*May I?*
16	Dw i'm yn gwybod be' ydi o	dwim un gub-od behr uh-dee oh	*I don't know what it is*
17	Ga' i wybod be' ydi o?	gaa ee ub-od behr uh-dee oh	*May I know what it is?*
18	Dw i'm yn gwybod pwy ydi o	dwim un gub-od poy uh-dee oh	*I don't know who it is*
19	Ga' i wybod pwy ydi o?	gaa ee ub-od poy uh-dee oh	*May I know who it is?*
20	Dw i'm yn gwybod pwy neu be' ydi o. Ga' i wybod?	dwim un gub-od poy nay behr uh-dee oh. gaa ee ub-od	*I don't know who or what it is. May I know?*

Uned Chwe Deg Pedwar - *Unit Sixty-Four*

In this unit we'll look at locating and placing items. We'll also look at a few prepositions to help us with the locating:

1	Mae 'ne	maa neh	There's (a), there are
2	Mae 'ne gacen	maa neh ga-ken	There's a/some cake
3	Mae 'ne bobl	maa neh bob-ol	There are people
4	Mae 'ne gacen yma	maa neh ga-ken uh-mah	There's a/some cake here
5	Mae 'ne bobl yma	maa neh bob-ol uh-mah	There are people here
6	Mae 'ne gacen yna	maa neh ga-ken uh-nah	There's [a/some] cake there
7	Mae 'ne bobl yna	maa neh bob-ol uh-nah	There are people there
8	Ar y	aar a	On the
9	Yn y	un a	In the
10	Bwrdd	burTH	Table, board
11	Ar y bwrdd	aar a burTH	On the table
12	Mae 'ne gacen ar y bwrdd	maa neh ga-ken aar a burTH	There's a/some cake on the table
13	Mae 'ne bobl yn y car	maa neh bob-ol un a kar	There are people in the car
14	Mae 'ne gacen yma ar y bwrdd	maa neh ga-ken uh-mah aar a burTH	There's cake here on the table
15	Mae 'ne bobl yma yn y car	maa neh bob-ol uh-mah un a kar	There's people here in the car
16	Mae 'ne bobl yn y car ac mae 'ne gacen ar y bwrdd	maa neh bob-ol un a kar ahk maa neh ga-ken aar a burTH	There are people in the car and there's cake on the table
17	Mae 'ne gacen ar y bwrdd yma ond mae 'ne bobl yn y car	maa neh ga-ken aar a burTH uh-mah ond maa neh bob-ol un a kar	There's cake on the table here but there are people in the car
18	Mae o yn y car ac ar y bwrdd	ma-ee oh un a kar ahk aar a burTH	It's in car and on the table
19	Ar y penwsos ac yn y dydd	aar a pen-us-os ahk un a deeTH	On the weekend and in the day(time)
20	Es i ar y penwsos ac yn y dydd	esh ee aar a pen-us-os ahk un a deeTH	I went on the weekend and in the day(time)

Uned Chwe Deg Pump - *Unit Sixty-Five*

It's all well and good being able to say what *there is* and *there are* around us, but what happens when *there isn't* or *there aren't* any of that stuff around us?

#	Welsh	Pronunciation	English
1	'Sne ddim	sneh THim	There isn't (a), there aren't
2	'Sne ddim cacen	sneh THim ka-ken	There's no cake
3	Ar ôl	ah-rorl	Left [over], after
4	'Sne ddim cacen ar ôl	sneh THim ka-hen ah-rorl	There's no cake left
5	'Sne ddim pobl	sneh THim pob-ol	There are no people
6	'Sne ddim pobl yma	sneh THim pob-ol uh-mah	There are no people here
7	'Sne ddim pobl yma heddiw	sneh THim pob-ol uh-mah heTH-yoo	There are no people here today
8	Amser	am-seh	Time
9	'Sne ddim amser	sneh THim am-seh	There's no time
10	Amser ar ôl	am-seh ah-rorl	Time left [over]
11	Amser i	am-seh ee	Time to/for
12	Amser i iwsio	am-seh ee yooz-yoh	Time to use
13	Amser i iwsio hwnna	am-seh ee yooz-yoh hun-nah	Time to use that
14	Amser i drïo	am-seh ee dree-oh	Time to try (to/a)
15	Amser i drïo hwnna	am-seh ee dree-oh hun-nah	Time to try that
16	'Sne ddim amser i	sneh THim am-seh ee	There's no time to/for
17	'Sne ddim amser i iwsio	sneh THim am-seh ee yooz-yoh	There's no time to use [it]
18	'Sne ddim amser i iwsio hwnna	sneh THim am-seh ee yooz-yoh hun-nah	There's no time to use that
19	'Sne ddim amser i drïo	sneh THim am-seh ee dree-oh	There's no time to try (to/a/[it])
20	'Sne ddim amser ar ôl i drïo hwnna	sneh THim am-seh ah-rorl ee dree-oh hun-nah	There's no time left to try that

Uned Chwe Deg Chwech - *Unit Sixty-Six*

Let's look again at the perfect tense and how we can form sentences and questions with it. Keep an eye on how **WEDI** has shortened to **'DI** here too:

1	Lle?	LLehr	*Where?*
2	'Di bod	dee bord	*Have been*
3	Lle ti 'di bod?	LLehr tee dee bord	*Where have you been?*
4	Pam?	pam	*Why?*
5	Pam ti 'di bod?	pam tee dee bord	*Why have you been?*
6	Yne	un-eh	*There*
7	Lle? Yne!	LLehr. uh-neh	*Where? There!*
8	Pam ti 'di bod yne?	pam tee dee bord uh-neh	*Why have you been there?*
9	Lle ti 'di bod? Yne?	LLehr tee dee bord. uh-neh	*Where have you been? There?*
10	Ti 'di bod yne efo nhw?	tee dee bord uh-neh	*Have you been there with them?*
11	Pam ti 'di bod yne efo fo?	pam tee dee bord uh-neh eh-voh vor	*Why have you been there with him?*
12	'Di mynd	dee min-d	*Have gone*
13	'Di mynd yne	dee min-d uh-neh	*Have gone there*
14	Lle ti 'di mynd?	LLehr tee dee min-d	*Wgere have you gone?*
15	Pam ti 'di mynd yne?	pam tee dee min-d uh-neh	*Why have you gone there?*
16	Lle ti 'di mynd efo nhw?	LLehr tee dee min-d eh-voh noo	*Where have you gone with them?*
17	Pam ti 'di bod efo'r bobl 'na?	pam tee dee bord eh-vohr bob-ol nah	*Why have you been with those people?*
18	Pam ti 'di bod efo'r bobl 'na heddiw?	pam tee dee bord eh-vohr bob-ol nah heTH-yoo	*Why have you been with those people today?*
19	Lle ti 'di bod efo'r bobl 'na heddiw?	LLehr tee dee bord eh-vohr bob-ol nah heTH-yoo	*Where have you been with those people today?*
20	Pam ti 'di mynd efo hi a'r bobl 'na heno?	pam tee dee min-d eh-vor hee aar bob-ol nah heh-noh	*Why have you gone with her and those people tonight?*

Uned Chwe Deg Saith - *Unit Sixty-Seven*

Just missed something important? Want to know more in a situation? These bad boys will sort you right out:

1	Oes 'ne?	oys neh	*Is there?, Are there?*
2	Oes 'na bobl?	oys neh bob-ol	*Are there [any] people?*
3	Oes 'na bobl yma?	oys neh bob-ol uh-mah	*Are there [any] people here?*
4	Oes 'na bobl yne?	oys nah bob-ol uh-neh	*Are there [any] people there?*
5	Oedd 'ne?	oyTH neh	*Was/were there?*
6	Oedd 'ne bobl?	oyTH neh bob-ol	*Were there people?*
7	Oedd 'ne bobl yma?	oyTH neh bob-ol uh-mah	*Were there people here?*
8	Oedd 'ne bobl yne?	oyTH neh bob-ol uh-neh	*Were there people there?*
9	Fydd 'ne?	veeTH neh	*Will there be?*
10	Fydd 'ne bobl?	veeTH neh bob-ol	*Will there be people*
11	Fydd 'ne bobl yma?	veeTH neh bob-ol uh-mah	*Will there be people here?*
12	Fydd 'ne bobl yne?	veeTH neh bob-ol uh-neh	*Will there be people there*
13	Hapus	ha-pis	*Happy*
14	Pobl hapus	pob-ol ha-pis	*Happy people*
15	Fydd 'ne bobl hapus?	veeTH neh bob-ol ha-pis	*Will there be happy people?*
16	Fydd 'ne bobl hapus yma?	veeTH neh bob-ol ha-pis uh-mah	*Will there be happy people here?*
17	Fydd 'ne bobl hapus yne?	veeTH neh bob-ol ha-pis uh-neh	*Where there be happy people there?*
18	Oes 'ne bobl hapus yma?	oys neh bob-ol ha-pis uh-mah	*Are there happy people here?*
19	Oedd 'ne bobl hapus yma?	oyTH ne bob-ol ha-pis uh-mah	*Were there happy people here?*
20	Fydd y bobl hapus yma?	veeTH a bob-ol ha-pis uh-mah	*Will the happy people be here?*

Uned Chwe Deg Wyth - *Unit Sixty-Eight*

Ah, days of the week. You can find (and learn) these anywhere... but rarely are you told from where the words derive and what else they mean. Enjoy!

1	**Llun**	LLeen	*Picture, moon*
2	**Dydd Llun**	deeTH LLeen	*Monday*
3	**Mawrth**	ma-orth	*Mars, March (month)*
4	**Nos Fawrth**	nors va-orth	*Tuesday night*
5	**Mercher**	mehr-CHehr	*Mercury*
6	**Dydd Mercher**	dee-TH mehr-CHehr	*Wednesday*
7	**Iau**	ya-ee	*Jupiter, liver, younger*
8	**Nos Iau**	nors ya-ee	*Thursday night*
9	**Gwener**	gwen-ehr	*Venus*
10	**Bore Gwener**	boh-reh gwen-ehr	*Friday morning*
11	**Sadwrn**	sa-dorn	*Saturn*
12	**P'nawn Sadwrn**	pa-naoon sa-dorn	*Saturday afternoon*
13	**Sul**	seel	*Sun [Haul is more common]*
14	**Dydd Sul**	deeTH seel	*Sunday*
15	**Ar**	aar	*On (a)*
16	**Ar ddydd Llun**	aar THeeTH LLeen	*On Monday*
17	**Ar y**	aar a	*On the*
18	**Ar y dydd Mawrth**	aar a deeTH ma-orth	*On the Tuesday*
19	**Ar ddydd Iau neu ar fore Gwener?**	aar a deeTH ya-ee nay aar voh-reh gwen-ehr	*On (a) Thursday or on (a) Friday morning?*
20	**Ar y dydd Mercher neu ar y nos Sul?**	aar a deeTH mehr-CHehr nay aar a nors seel	*On the Wednesday or on the Sunday night?*

Uned Chwe Deg Naw - *Unit Sixty-Nine*

In this unit we'll look more at how to show *ability* to do stuff; stuff like helping others. We're a kind bunch after all, right?

1	Ti	tee	*You*
2	Ti?	tee	*(do/are) you?*
3	Medru	med-ree	*Can, able to*
4	Ti medru?	tee med-ree	*Can you?*
5	Helpio	help-yoh	*To help, helping*
6	Ti'n helpio?	teen help-yoh	*Are you helping?*
7	Helpio fi	help-yoh vee	*Help(ing) me*
8	Ti'n helpio fi?	teen help-yoh vee	*Are you helping me?*
9	Ti medru helpio fi?	tee med-ree help-yoh vee	*Can you help me?*
10	Efo hwn	eh-vor hun	*With this*
11	Efo hwnna	eh-vor hun-nah	*With that*
12	Ti'n helpio fi efo hwn?	teen help-yor vee eh-vor hun	*Are you helping me with this?*
13	Ti'n helpio fi efo hwnna?	teen help-yor vee eh-vor hun-nah	*Are you helping me with that?*
14	Ti medru helpio fi efo hwn?	tee med-ree help-yoh vee eh-vor hun	*Can you help me with this?*
15	Ti medru helpio fi efo hwnna?	tee med-ree help-yoh vee eh-vor hun-nah	*Can you help me with that?*
16	Codi	kod-ee	*Get up, lift, raise*
17	Ti medru helpio fi godi?	tee med-ree help-yoh vee god-ee	*Can you help me get up?*
18	Ti medru helpio fi godi hwn?	tee med-ree help-yoh vee god-ee hun	*Can you help me lift this?*
19	Ti medru helpio fi godi hwnna?	tee med-ree help-yoh vee god-ee hun-nah	*Can you help me lift that?*
20	Ti medru helpio fi efo hwn a hwnna?	tee med-ree help-yoh vee eh-vor hun ah hun-nah	*Can you help me with this and that?*

Uned Saith Deg - *Unit Seventy*

There's another way of forming the past tense up in north Wales that's rather common in pockets. **DDARU** takes the place of the **'NES I, 'NEST TI** etc construction when coupled with a pronoun; **FI, TI, (F)O, HI** etc:

1	(Dd)aru	THa-ree	___ did [something]
2	Ddaru fi	THa-ree vee	I did [something]
3	Ddaru di	THa-ree dee	You did [something]
4	Ddaru o	THa-ree oh	He did [something]
5	Ddaru hi	THa-ree hee	She did [something]
6	Ddaru ni	THa-ree nee	We did [something]
7	Ddaru chi	THa-ree CHee	You did [something]
8	Ddaru nhw	THa-ree noo	They did [something]
9	Ddaru fi?	THa-ree vee	Did I [do something]?
10	Ddaru di?	THa-ree dee	Did you [do something]?
11	Ddaru o?	THa-ree oh	Did he [do something]?
12	Ddaru hi?	THa-ree hee	Did she [do something]?
13	Ddaru ni?	THa-ree nee	Did we [do something]?
14	Ddaru chi?	THa-ree CHee	Did you [do something]?
15	Ddaru nhw?	THa-ree noo	Did they [do something]?
16	Ddaru'r bobl	THa-ree bob-ol	The people did [something]
17	Ddaru'r bobl?	THa-reer bob-ol	Did the people [do something]?
18	Ddaru fi yfed	THa-ree vee uh-ved	I drank
19	Ddaru o yfed?	THa-ree oh uh-ved	Did he drink?
20	Ddaru'r bobl yfed?	THa-reer bob-ol uh-ved	Did the people drink?

Uned Saith Deg Un - *Unit Seventy-One*

Let's delve a tad deeped with the **DDARU** terms. Notice that **DDARU** can also become **'ARU** in modern speech too. It means the same thing:

1	Ddaru fi helpio	THa-ree vee help-yoh	*I helped*
2	'Aru fi helpio?	a-ree vee help-yoh	*Did I help?*
3	Ddaru fi godi	THa-ree vee goh-dee	*I got up*
4	'Aru fi godi?	a-ree vee goh-dee	*Did I get up?*
5	Ddaru fi helpio pawb	THa-ree vee help-yoh pa-oob	*I helped everyone*
6	'Aru di godi yn y bore?	a-ree dee goh-dee un a boh-reh	*Did you get up in the morning?*
7	Ddaru o fynd	THa-ree oh vind	*He went*
8	'Aru hi fynd allan?	a-ree hee vind aLL-an	*Did she go out?*
9	Ddaru ni weld	THa-ree nee weld	*We saw [it]*
10	'Aru chi weld?	a-ree CHee weld	*Did you see [it[?*
11	Ddaru nhw weld pawb	THa-ree noo weld pa-oob	*They saw everyone*
12	'Aru fi ddim helpio	a-ree vee THim help-yoh	*I didn't help*
13	Ddaru fi ddim codi	THa-ree vee THim koh-dee	*I didn't get up*
14	'Aru fi ddim helpio pawb	a-ree vee THim help-yoh pa-oob	*I didn't help everyone*
15	Ddaru fi ddim codi yn y bore	THa-ree vee THim koh-dee un a boh-reh	*I didn't get up in the morning*
16	'Aru o ddim mynd	a-ree oh THim mind	*He didn't go*
17	Ddaru hi ddim mynd allan?	THa-ree hee THim mind aLL-an	*Didn't she go out?*
18	'Aru ni ddim gweld	a-ree nee THim gweld	*We didn't see [it]*
19	Ddaru chi ddim gweld?	THa-ree CHee THim gweld	*Didn't you see [it[?*
20	'Aru nhw ddim gweld pawb	a-ree noo THim gweld pa-oob	*They didn't see everyone*

Uned Saith Deg Dau - *Unit Seventy-Two*

GOBEITHIO is a lovely term in Welsh because, on top of being the verb *to hope, hoping*, it also doubles up as *'one hopes'* without the need to add a pronoun. *Hopefully* you'll take something from this unit!

1	Gobeithio	go-bayth-yoh	To hope, hoping
2	Gobeithio 'na i	go-bayth-yoh naa ee	Hope[fully] I'll [do/make] something
3	Gobeithio 'na i joio	go-bayth-yoh naa ee joy-oh	Hopefully I'pl enjoy [it]
4	Gobeithio 'nei di	go-bayth-yoh nay dee	Hopefully you'll [do/make something]
5	Gobeithio 'nei di joio	go-bayth-yoh nay dee joy-oh	Hopefully you'll enjoy [it]
6	Gobeithio ga' i	go-bayth-yoh gaa ee	Hopefully I'll get a/to
7	Gobeithio ga' i siarad	go-bayth-yoh gaa ee sha-rad	Hopefully I'll get to speak
8	Gobeithio gei di	go-bayth-yoh gay dee	Hopefully you'll get a/to
9	Gobeithio gei di siarad	go-bayth-yoh gay dee sha-rad	Hopefully you'll get to speak
10	Gobeithio 'nest ti	go-bayth-yoh nes tee	Hopefully you [did/made something]
11	Gobeithio 'nest ti joio	go-bayth-yoh nes tee joy-oh	Hopefully you enjoyed [it]
12	Gobeithio 'nest ti joio hwnna	go-bayth-yoh nes tee joy-oh hun-nah	Hopefully you enjoyed that
13	Gobeithio 'neith o	go-bayth-yoh nayth oh	Hopefully he'll [do/make something]
14	Gobeithio 'neith o fynd	go-bayth-yoh nayth oh vind	Hopefully he'll go
15	Gobeithio 'neith hi	go-bayth-yoh nayth hee	Hopefully she'll [do/make something]
16	Gobeithio 'neith hi fynd	go-bayth-yoh nayth hee vind	Hopefully she'll go
17	Gobeithio 'naeth o	go-bayth-yoh na-eeth oh	Hopefully he [did/made something]
18	Gobeithio 'naeth o f'yta	go-bayth-yoh na-eeth oh vih-tah	Hopefully he ate [it]
19	Gobeithio 'naeth hi	go-bayth-yoh na-eeth hee	Hopefully she [did/made something]
20	Gobeithio 'naeth hi weld	go-bayth-yoh na-eeth hee weld	Hopefully she saw [it]

Uned Saith Deg Tri - *Unit Seventy-Three*

When recalling a story – or simply relaying what someone else said – one of the most common (and important) terms is '***said***'. Here's a few examples of how it's used in the wild:

1	D'eud	dayd	*To say, saying / to tell, telling*
2	'Nes i dd'eud	nesh ee THayd	*I said / I told*
3	'Nes i'm d'eud	nesh im dayd	*I didn't say / tell*
4	'Nes i dd'eud hwnna	nesh ee THayd hun-nah	*I said that*
5	'Nes i'm d'eud hwnna	nesh im dayd hun-nah	*I didn't say that*
6	Be' 'nes i dd'eud?	behr nesh ee THayd	*What did I say?*
7	Dyne	duh-neh	*That's*
8	Dyne 'nes i dd'eud	duh-neh nesh ee THayd	*That's [what] I said*
9	Dim dyne 'nes i dd'eud	dim duh-neh nesh ee THayd	*That's not [what] I said*
10	Dyne be' 'nes i dd'eud	duh-neh behr nesh ee THayd	*That what I said*
11	Dim dyne be' 'nes i dd'eud	dim duh-neh behr nesh ee THayd	*That's not what I said*
12	'Naeth dd'eud	na-eeth THayd	*[Who] said*
13	Fo 'naeth dd'eud	voh na-eeth THayd	*[It was] he who said*
14	Hi 'naeth dd'eud hwnna	hee na-eeth THayd hun-nah	*[It was] she who said that*
15	Pwy 'naeth dd'eud?	poy na-eeth THayd	*Who said [so]?*
16	Pwy 'naeth dd'eud hwnna?	poy na-eeth THayd hun-nah	*Who said that?*
17	Be' 'naeth o dd'eud?	behr na-eeth oh THayd	*What did he say?*
18	Be' 'naeth hi dd'eud?	behr na-eeth hee THayd	*What did she say?*
19	Be' 'neith o dd'eud?	behr nayth oh THayd	*What will he say?*
20	Be' 'neith hi dd'eud?	behr nayth hee THayd	*What will she say?*

Uned Saith Deg Pedwar - Unit Seventy-Four

Whereas **'NES I DD'EUD** and/or **DDARU FI DD'EUD** are perfectly acceptable ways to express *'I said, I told'*, some prefer to keep to old, concise way with the verb *'to say, to tell'*:

1	Dudes i	did-esh ee	I said / I told
2	Ddudes i'm	THid-esh eem	I didn't say / tell
3	Dudes i hwnna	did-esh ee hun-nah	I said that
4	Ddudes i'm hwnna	THid-esh eem hun-nah	I didn't say that
5	Ddudes i ddim byd	THid-esh ee THim beed	I didn't say anything
6	Wrth	urth	Beside, whilst, to
7	Wrthi (hi)	urth-ee (hee)	To her
8	Wrtho (fo)	urth-oh (voh)	To him
9	Dudes i wrtho	did-esh ee urth-oh	I told him
10	Dudes i wrthi	did-esh ee urth-ee	I told her
11	Dudes i hwnna wrtho	did-esh ee hun-nah urth-oh	I told him that
12	Ddudes i'm hwnna wrthi	THid-esh eem hun-nah urth-ee	I didn't tell her that
13	Ddudes i'm byd wrtho	THid-esh eem beed urth-oh	I didn't tell him anything, I didn't say anyting to him
14	Be' ddudes i?	behr THid-esh ee	What did I say?
15	Pryd dudes i?	preed did-esh ee	When did I say [it]?
16	Pryd dudes i hwnna?	preed did-esh ee hun-nah	When did I say that?
17	Dudodd	did-oTH	Said [3rd person]
18	Pwy ddudodd?	poy THid-oTH	Who said [it]?
19	Pwy ddudodd hwnna?	poy THid-oTH hun-nah	What said that?
20	Be' ddudodd hi?	behr THid-oTH hee	What did she say?

Uned Saith Deg Pump - *Unit Seventy-Five*

Some of you might recongise **GADAEL** as *to leave*, but few learners know that it can also be used to express *'to let'*...

1	Gadael	gad-aal	*To leave, leaving*
2	Gad o	gaad oh	*Leave it*
3	Bod	bord	*To be, being*
4	Gad o fod	gaad oh vord	*Let it be*
5	Gad o fynd	gaad oh vind	*Let it go*
6	Gad i fi	gaad ee vee	*Let me*
7	Gad i fi fod	gaad ee vee vord	*Let me be*
8	Gad i fi fynd	gaad ee vee vind	*Let me go*
9	Gad i fi siarad	gaad ee vee sha-rad	*Let me speak*
10	Gad i fi 'neud hwnna	gaad ee vee nayd hun-nah	*Let me do that*
11	Iddo fo	iTH-oh voh	*To him, for him*
12	Iddi hi	iTH-ee hee	*To her, for her*
13	I ni	ee nee	*To us, for us*
14	Iddyn nhw	iTH-in noo	*To them, for them*
15	Gad iddo fo fod	gaad iTH-oh voh vord	*Let him be*
16	Gad iddi hi fynd	gaad iTH-ee hee vind	*Let her go*
17	Gad i ni siarad	gaad ee nee sha-rad	*Let us speak*
18	Gad iddyn nhw fod	gaad iTH-in noo vord	*Let them be*
19	Gad i bawb	gaad ee ba-oob	*Let everyone*
20	Gad i bawb siarad Cymraeg	gaad ee ba-oob sha-rad Kum-ra-eeg	*Let everyone speak Welsh*

Uned Saith Deg Chwech - Unit Seventy-Six

FFASIWN means what you think it means; *fashion*. But in Welsh we also use it to express *'such a thing'*. Let's see how it works:

1	'Nest ti?	nes tee	Did you [do/make something]?
2	Clywed	klow-ed	To hear, hearing
3	'Nest ti glywed?	nes tee glow-ed	Did you hear [it]
4	Glywest ti?	glow-es tee	Did you hear [it]?
5	'Nest ti glywed hwnna?	nest tee glow-ed hun-nah	Did you hear that?
6	Glywest ti hwnna?	glow-es tee hun-nah	Did you hear that?
7	Ffasiwn beth	fash-un beth	Such a thing, anything like that
8	Clywed ffasiwn beth	klow-ed fash-un beth	To hear such a thing
9	'Nest ti glywed ffasiwn beth?	nes tee glow-ed fash-un beth	Did you hear such a thing?
10	Glywest ti ffasiwn beth?	glow-es tee fash-un beth	Did you hear such a thing?
11	(E)rioed	(eh)ree-oyd	Ever
12	'Nest ti 'rioed clywed?	nes tee ree-oyd klow-ed	Did you ever hear?
13	Glywest ti 'rioed?	glow-es tee ree-oyd	Did you ever hear?
14	'Nest ti 'rioed glywed hwnna?	nes tee ree-oyd glow-ed hun-nah	Did you ever hear that?
15	Glywest ti hwnna 'rioed?	glow-es tee hun-nah ree-oyd	Did you ever hear that?
16	'Nest ti 'rioed glywed ffasiwn beth?	nes tee ree-oyd glow-ed fash-un beth	Did you ever hear such a thing?
17	Glywest ti 'rioed ffasiwn beth?	glow-es tee ree-oyd fash-un beth	Did you ever hear such a thing?
18	'Nes i'm clywed ffasiwn beth	nesh im klow-es fash-un beth	I didn't hear such a thing
19	Glywes i ddim ffasiwn beth	glow-es ee THim fash-un beth	I didn't hear such a thing
20	Glywes i'm 'rioed ffasiwn beth	glow-es im ree-oyd fash-un beth	I never heard such a thing

Uned Saith Deg Saith - *Unit Seventy-Seven*

Want to bring the crew along somewhere, or just give some healthy encouragement to a group? I've got you sorted:

1	Gawn ni	ga-oon nee	Let's, we will get (to/a)
2	Gawn ni gacen	ga-oon nee ga-ken	We'll get [a/some] cake
3	Gawn ni waith	ga-oon nee waeeth	We'll get [a/some] work
4	Gawn ni weld	ga-oon nee weld	Let's see, we'll get to see
5	Gawn ni weld pawb	ga-oon weld pa-oob	We'll get to see everyone
6	Gawn ni weld pawb heno	ga-oon nee weld pa-oob heh-noh	We'll get to see everyone tonight
7	Gawn ni fynd	ga-oon nee vind	Let's go
8	Gawn ni fynd adre	ga-oon nee vind ad-reh	Let's go home
9	Gawn ni fynd adre wedyn	ga-oon nee vind ad-reh weh-din	Let's go home after(wards)
10	Gawn ni gar?	ga-oon nee gar	Shall we get a car?
11	Gawn ni gar newydd?	ga-oon nee gar neh-wiTH	Shall we get a new car?
12	Gawn ni gar newydd 'fory	ga-oon nee gar neh-wiTH voh-ree	We'll get a new car tomorrow
13	Gawn ni gar newydd 'fory?	ga-oon nee gar neh-wiTH voh-ree	Shall we get a new car tomorrow?
14	Gawn ni fynd allan	ga-oon nee vind aLL-an	Let's go out
15	Gawn ni fynd allan 'fory	ga-oon nee vind aLL-an voh-ree	Let's go out tomorrow
16	Gawn ni f'yta?	ga-oon nee vih-tah	Shall we eat?
17	Gawn ni f'yta hwn?	ga-oon nee vih-tah hun	Shall we eat this?
18	Gawn ni f'yta hwnna?	ga-oon nee vih-tah hun-nah	Shall we eat that?
19	Gawn ni weld yn y bore	ga-oon nee weld un a boh-reh	Let's see in the morning
20	Gawn ni weld pwy sy' yma	ga-oon nee weld poy see uh-mah	Let's see who's here

Uned Saith Deg Wyth - *Unit Seventy-Eight*

This lesson will more or less change your life... well, your Welsh-speaking life, at the very least. Also, watch how these little words help to form comparatives too:

1	**Mwy o**	moy or	*More [of]*
2	**Llai o**	LLa-ee or	*Less [of]*
3	**Gawn ni?**	ga-oon nee	*Will we get?*
4	**Gawn ni fwy o...?**	ga-oon nee voy or	*Will we get more [of]...?*
5	**Gawn ni lai o...?**	ga-oon nee la-ee or	*Will we get less [of]...?*
6	**Gawn ni fwy o amser?**	ga-oon nee voy or am-sehr	*Will we get more time?*
7	**Gawn ni lai o amser?**	ga-oon nee la-ee or am-sehr	*Will we get less time?*
8	**Gawn ni fwy o waith?**	ga-oon nee voy or waeeth	*Will we get more work?*
9	**Gawn ni lai o waith?**	ga-oon nee la-ee or waeeth	*Will we get less work?*
10	**Gawn ni fwy neu lai o waith?**	ga-oon nee voy nay la-ee or waeeth	*Will we get more or less work?*
11	**Mwy**	moy	*Bigger*
12	**Mwy na**	moy nah	*Bigger than, more than*
13	**Llai**	LLa-ee	*Smaller*
14	**Llai na**	LLa-ee nah	*Smaller than*
15	**Dw i'n fwy na hi**	dween voy nah hee	*I'm bigger than her*
16	**Dw i'n llai na hi**	dween LLa-ee nah hee	*I'm smaller than her*
17	**Mwy diddorol na**	moy di-THoh-rol nah	*More interesting than*
18	**Llai diddorol na**	LLa-ee di-THoh-rol nah	*Less interesting than*
19	**Dw i'n fwy diddorol na**	dween voy di-THoh-rol nah	*I'm more interesting than*
20	**Dw i'n llai diddorol na**	dween LLa-ee di-THoh-rol nah	*I'm less interesting than*

Uned Saith Deg Naw - *Unit Seventy-Nine*

When we use *that* as a connecting term, we use **BOD** (to be). Note that **BOD** is often (and, in fact, should be) said as **FOD** in this instance.

1	Bod	bord	*That*
2	Bod o'n...	bord orn	*That it's..., [also: that it was]*
3	Bod o'n wych	bord orn weeCH	*That it's great*
4	Bod o'n sâl	bord orn saal	*That it's poor/ill*
5	Bod o'n hyfryd	bord orn huv-rid	*That it's lovely*
6	Bod o'n sbwriel	bord orn sbu-ree-el	*That it's rubbish*
7	Dw i'n meddwl bod o'n wych	dween meTH-ul bord orn weeCH	*I think [that] it's great*
8	Dw i'n meddwl bod o'n sâl	dween meTH-ul bord orn saal	*I think [that] it's poor*
9	Dw i'm yn meddwl bod o'n hyfryd	dwim un meTH-ul bord orn huv-rid	*I don't think [that] it's lovely*
10	Dw i'm yn meddwl bod o'n sbwriel	dwim un meTH-ul bord orn huv-rid	*I don't think [that] it's rubbish*
11	Bod 'ne	bord neh	*That there is/are*
12	Digon	dig-on	*Enough, plenty*
13	Lot	lot	*A lot, lots, many*
14	(Y)chydig	(a)CHud-ig	*A few*
15	Gormod	gohr-mod	*Too much, too many*
16	Dw i'n meddwl bod 'ne ddigon	dween meTH-ul bord neh THig-on	*I think [that] there's enough*
17	Dw i'n meddwl bod 'ne 'chydig	dween meTHul bord neh CHud-ig	*I think [that] there's a few*
18	Dw i'm yn meddwl bod 'ne lot	dwim un meh-THul bord neh lot	*I don't think [that] there's a lot*
19	Dw i'm yn meddwl bod 'ne gormod	dwim un meh-THul bord neh gohr-mod	*I don't think [that] there's too many/much*
20	Dw i'm yn meddwl bod 'ne lot ond dw i'n meddwl bod o'n wych	dwim un meh-DDul bord neh lot ond dween meh-DDul bord orn weeCH	*I don't think there's a lot. I think it's great*

Uned Wyth Deg - Unit Eighty

You've probably noticed by now that I'm rather fond of the word **HWNNA** (*that [one]*). And I don't use it lightly; the term itself being obvious in chit-chat. This unit is dedicated to *that*, as well as it's little friend **HWN** (*this [one]*).

1	Hwn	hun	*This [one]*
2	Hwnna	hun-nah	*That [one]*
3	Ydi o?	uh-dee oh	*Is it?*
4	Hwn ydi o?	hun uh-dee oh	*Is this it?*
5	Hwnna ydi o?	hun-nah uh-dee oh	*Is that it?*
6	Be' ydi hwn?	behr uh-dee hun	*What is this?*
7	Pwy ydi o?	poy uh-dee oh	*Who is it/he?*
8	Mae o	ma-ee oh	*It/he is*
9	Lle mae o?	LLehr ma-ee oh	*Where is it/he?*
10	Pryd mae o?	preed ma-ee oh	*When is it?*
11	Lle mae hwn?	LLehr ma-ee hun	*Where's this?*
12	Lle mae hwnna?	LLehr ma-ee hun-nah	*Where's that?*
13	Pryd mae hwn?	preed ma-ee hun	*When's this?*
14	Pryd mae hwnna?	preed ma-ee hun-nah	*When's that?*
15	Pwy neu be' ydi hwn?	poy nay behr uh-dee hun	*Who or what is this?*
16	Pwy neu be' ydi hwnna?	poy nay behr uh-dee hun-nah	*Who or what is that?*
17	Pryd a lle mae hwn?	preed ah LLehr ma-ee hun	*When and where is this?*
18	Pryd a lle mae hwnna?	preed ah LLehr ma-ee hun-nah	*When and where is that?*
19	Hwnna be' ydi o?	hun-nah behr uh-dee oh	*Is that what it is?*
20	Hwnna pwy ydi o?	hun-nah poy uh-dee oh	*Is that who it is?*

Uned Wyth Deg Un - *Unit Eighty-One*

Some verbs up here in north Wales don't look too much like their southern (or even north western) counterparts:

1	On i'm yn	orn im un	I wasn't
2	'Nabod	nah-bod	To know [someone], knowing [someone]
3	O'n i'm yn 'nabod	orn eem un nah-bod	I didn't know
4	O'n i'm yn 'nabod y dyn 'na	orn eem un nah-bod a deen nah	I didn't know that man
5	Dallt	daaLLt	To understand, understanding
6	'Nes i'm dallt	nesh eem daaLLt	I didn't understand
7	O'n i'm yn dallt	orn eem un daaLLt	I wasn't understanding
8	O'n i'm yn dallt hwnna	orn eem un daaLLt	I wasn't understanding that
9	Sgwennu	sgweh-nee	To write, writing
10	'Nes i'm sgwennu	nesh eem sgweh-nee	I didn't write
11	O'n i'm yn sgwennu hwnna	orn eem un sgweh-nee hun-nah	I wasn't writing that
12	Ogla	og-lah	To smell, smelling
13	'Nes i'm ogla	nesh eem og-lah	I didn't smell [it]
14	O'n i'm yn ogla hwnna	orn eem un og-lah hun-nah	I wasn't smelling that
15	'Nes i'm dallt y gwaith 'na	nesh eem daaLLt a gwaeeth nah	I didn't understand that work
16	O'n i'm yn sgwennu'r llyfr 'na	orn eem un sgweh-neer LLiv-er nah	I wasn't writing that book
17	'Nes i'm ogla'r blodau 'na	nesh eem og-lahr blod-eh nah	I didn't smell those flowers
18	'Nes i'm sgwennu hwnna	nesh eem sgweh-nee hun-nah	I didn't write that
19	O'n i'm yn ogla'r blodau 'ma	orn eem un og-lahr blod-eh mah	I wasn't smelling these flowers
20	'Nes i'm dallt y sgwennu 'na	nesh eem daaLLt a sgweh-nee nah	I didn't understand that writing

Uned Wyth Deg Dau - *Unit Eighty-Two*

Deriving from **YMA** (*here*) and **YNA/YNE** (*there*), **DYMA** and **DYNA/DYNE** are words many will remember from their school days. *Here* we'll look at just how versatile these little words can be:

1	Dyma	duh-mah	Here is (a), this is (a)
2	Dyne, dyma	duh-neh, duh-nah	There is (a), that is (a)
3	Dyma fo	duh-mah voh	Here he/it is
4	Dyne fo	duh-neh voh	There he/it is
5	Dyma fo rŵan	duh-mah vor roo-an	Here he/it is now
6	Dyne fo rŵan	duh-neh vor roo-an	There he/it is now
7	Dyma'r	duh-mahr	This is the, here's the
8	Dyne'r	duh-nehr	That is the, that's the
9	Dyma'r gwaith	duh-mahr gwaeeth	This is the work, here's the work
10	Dyne'r gwaith	duh-nehr gwaeeth	That is the work, there's the work
11	Dyma'r gwaith rŵan	duh-mahr gwaeeth roo-an	Here's the work now
12	Dyne'r gwaith rŵan	duh-nehr gwaeeth roo-an	There's the work now
13	Dyma'r gwaith i ti rŵan	duh-mahr gwaeeth ee tee roo-an	Here's the work for you now
14	Dyne'r gwaith i ti rŵan	duh-nehr gwaeeth ee tee roo-an	There's the work for you now
15	Dyma'r gwaith 'ma	duh-mahr gwaeeth mah	Here's this work
16	Dyne'r gwaith 'ma	dun-nehr gwaeeth mah	There's this work
17	Dyma'r gwaith 'na	duh-mahr gwaeeth nah	Here's that work
18	Dyne'r gwaith 'na	duh-nehr gwaeeth nah	There's that work
19	Dyma'r gwaith 'ma i ti	duh-mahr gwaeeth mah ee tee	Here's this work for you
20	Dyne'r gwaith 'na i ti	duh-nehr gwaeeth nah ee tee	That's that work for you

Uned Wyth Deg Tri - *Unit Eighty-Three*

Whether you're *alone* or *together*, wanting to express these terms in Welsh can be tough. Keep an eye on the small differences between how we deal with these phrases:

1	Ar ben ei hun	aar ben ay heen	*On his/her own*
2	Aeth o ar ben ei hun	a-eeth oh aar ben ay heen	*He went on his own*
3	Aeth hi ar ben ei hun	a-eeth hee aar ben ay heen	*She went on her own*
4	Eith o ar ben ei hun	ayth oh aar ben ay heen	*He'll go on his own*
5	Eith hi ar ben ei hun	ayth hee aar ben ay heen	*She'll go on her own*
6	Aeth o ar ben ei hun?	a-eeth oh aar ben ay heen	*Did he go on his own?*
7	Eith hi ar ben ei hun?	ayth hee aar ben ay heen	*Will she go on her own?*
8	Ar ben fy hun	aar ben vuh heen	*On my own*
9	Es i ar ben fy hun	esh ee aar ben vuh heen	*I went on my own*
10	'Na i fynd ar ben fy hun	naa ee vind aar ben vuh heen	*I'll go on my own*
11	'Nes i gysgu ar ben fy hun	nesh ee gus-gee aar ben vuh heen	*I slept on my own*
12	Efo'i gilydd	eh-voy gil-iTH	*Together, with him/herself*
13	Efo'n gilydd	eh-voyn gil-iTH	*Together, with each other*
14	Gawn ni fynd efo'n gilydd	ga-oon nee vind eh-vohn gil-iTH	*Let's go together*
15	Gawn ni fynd efo'n gilydd?	ga-oon nee vind eh-vohn gil-iTH	*Will we get to go together?*
16	Awn ni efo'n gilydd	a-oon nee eh-vohn gil-iTH	*We'll go together*
17	Awn ni efo'n gilydd?	a-oon nee eh-vohn gil-iTH	*Will we go together?*
18	'Nawn ni [o] efo'n gilydd	na-oon nee [oh] eh-vohn gil-iTH	*We'll do/make [it] together*
19	'Nawn ni [o] efo'n gilydd?	na-oon nee [oh] eh-vohn gil-iTH	*Will we do/make [it] together?*
20	Ga' i fynd ar ben fy hun neu efo'n gilydd?	gaa ee vind aar ben vuh heen nay eh-vohn gil-iTH	*May I go on my own or together?*

Uned Wyth Deg Pedwar - Unit Eighty-Four

Commonly added to phrases in the north, the particle **MI** means absolutely nothing but it's common. In southern dialects, **FE** is used. You'll note a soft mutation follows and that it's never used in negative sentences or questions.

1	Mi	mee	[No meaning]
2	Mi 'nes i	mee nesh ee	I did/made [something]
3	Mi 'naeth o	mee na-eeth oh	He did/made [something]
4	Mi 'na i	mee naa ee	I'll [do/make something]
5	Mi 'neith hi	mee nayth hee	She will [do/make something]
6	Mi ddylswn i	mee THul-sun ee	I should
7	Mi ddylsen nhw	mee THul-sen nee	They should
8	Mi fedra' i	mee ved-rah ee	I can
9	Mi fedra hi	mee ved-rah hee	She can
10	Mi ddylse fo wedi	mee THul-seh voh weh-dee	He should have [done something]
11	Mi ddylse hi 'di	mee THul-seh hee dee	She should have [done something]
12	Mi aethon ni	mee a-eetho nee	We went
13	Mi awn ni	mee a-oon nee	We'll go
14	Mi ges i	mee gesh ee	I had (a), I got (a/to)
15	Mi gawn nhw	mee ga-oon noo	They'll get (a/to)
16	Mi fedrwn i	mee ved-run ee	I could
17	Mi fedrai o	mee ved-raee oh	He could
18	Mi eith y bobl	mee ayth a bob-ol	The people will go
19	Mi ddudes i	mee THid-esh ee	I said
20	Mi liciwn i	mee lik-yun ee	I'd like (a/to)

Uned Wyth Deg Pump - *Unit Eighty-Five*

It's no secret that Welsh has been robbing words off English since both languages got bored of stealing from Latin. Here's a few common ones to both aid us... and to make you cringe a bit.

1	**Cwcio**	kuk-yoh	*To cook, cooking*
2	**Coginio**	kog-in-yoh	*To cook, cooking*
3	**Watsho**	wot-shoh	*To watch, watching*
4	**Gwylio**	gwil-yoh	*To watch, watching*
5	**Witsha[d]**	wit-shah	*To wait, waiting*
6	**Aros**	aa-ros	*To wait, waiting*
7	**Dreifio**	drayv-yoh	*To drive, driving*
8	**Gyrru**	gu-ree	*To drive, driving*
9	**Helpio**	help-yoh	*To help, helping*
10	**Helpu, cynorthwyo**	hel-pee, kun-or-thoy-oh	*To help, helping*
11	**Lyfio**	luv-yoh	*To love, loving*
12	**Caru**	kah-ree	*To love, loving*
13	**Licio**	lik-yoh	*To like, liking*
14	**Hoffi**	hoff-ee	*To like, liking*
15	**Joio**	joh-yoh	*To enjoy, enjoying*
16	**Mwynhau**	moyn-haee	*To enjoy, enjoying*
17	**Smocio**	smok-yoh	*To smoke, smoking*
18	**Ysmygu**	us-mug-ee	*To smoke, smoking*
19	**Campio**	camp-yoh	*To camp, camping*
20	**Gwersylla**	gwehr-suLL-ah	*To camp, camping*

Uned Wyth Deg Chwech - *Unit Eighty-Six*

As a continuation of the previous list – and because you're probably seasoned in Welsh sentence structures by now – here's some sentences to use with those god-awful terms from the last lesson.

1	Be' t'isho cwcio heno?	behr tish-oh kuk-ya he-noh	What do you want to cook tonight?
2	Dw i'm yn licio cwcio hwnna	dwim un lik-yoh kuk-yoh hun-nah	I don't like cooking that
3	'Nest ti watsho hwnna ddoe?	nes tee wot-shoh hun-nah THoy	Did you watch that yesterday
4	Mae hi'n watsho hwnna bob dydd	ma heen wot-shoh hun-nah borb deeTH	She watches that every day
5	Ti'n hapus witshad am funud?	teen hah-pis wit-chad am vin-id	Are you happy to wait/stay for a minute?
6	Dw i methu witshad yma	dwee meth-ee wit-chad uh-mah	I can't wait/stay here
7	Pwy 'naeth ddrefio yma?	poy na-eeth THrayv-yoh uh-mah	Who drove here?
8	'Swn i'm yn dreifio hwnna	sun eem un drayv-yoh hun-nah	I wouldn't drive that
9	Lle ti'n helpio?	LLehr teen help-yoh	Where are you helping?
10	'Naeth hi helpio lot	na-eeth hee help-yoh lot	She helped a lot
11	Ti'n lyfio hwnna?	teen luv-yoh hun-nah	Are you loving that?
12	'Nes i lyfio'r blodau 'na	nesh ee luv-yor blod-eh nah	I loved those flowers
13	'Naeth hi licio'r blodau?	na-eeth hee lik-yor blod-eh	Did she like the flowers?
14	O'n i'm yn licio hwnna	orn eem un lik-yoh hun-nah	I didn't like that
15	'Neith o joio, ti'n meddwl?	nayth oh joy-oh teen meTH-ul	Will he enjoy [it], d'ya think?
16	Dw i'm yn joio'r parti 'ma	dwim un joy-or par-tee mah	I'm not enjoying this party
17	Wyt ti'n cael smocio yna?	oyt teen kaal smok-yoh uh-nah	Do you get to smoke there?
18	O'n i'n arfer smocio	orn een aar-ver smok-yoh	I used to smoke
19	Lle mae pawb yn mynd campio?	LLehr ma pa-oob un mind camp-yoh	Where is everyone going camping?
20	Dw i'n lyfio mynd campio	dween luv-yoh mind camp-yoh	I love going camping

Uned Wyth Deg Saith - *Unit Eighty-Seven*

Talking about things in the past, we've discovered, is largely done via 'did' and 'was.' Let's see how you cope when we mix up the two:

1	'Nest ti?	nest tee	*Did you?*
2	Be' 'nest ti?	behr nest tee	*What did you [do/make]?*
3	Be' 'nest ti neithiwr?	behr nest tee nay-thee-or	*What did you do/make last night?*
4	Gwylio, watsho	gwil-yoh, wot-shoh	*To watch, watching*
5	Be' 'nest ti wylio neithiwr?	behr nest tee wil-yoh nay-thee-or	*What did you watch last night?*
6	Ar y	aar a	*On the*
7	Teledu	tel-ed-ee	*Television*
8	Ar y teledu	aar a tel-ed-ee	*On the television*
9	Be' 'nest ti watsho ar y teledu neithiwr?	behr nest tee wot-shoh aar a tel-ed-ee nay-thee-or	*What did you watch on the television last night*
10	Oedd?	oyTH	*Was?*
11	Ymlaen	um-la-een	*On(ward(s)), forward(s)*
12	Be' oedd ymlaen?	behr oyTH um-la-een	*What was on?*
13	Be' oedd on?	behr oyTH on	*What was on?*
14	Oedd o ar y teledu?	oyTH or aar a tel-ed-ee	*Was it on the television?*
15	Oedd o ar y teledu neithiwr?	oyTH or aar a tel-ed-ee nay-thee-or	*Was it on the television last night?*
16	Sut oedd o?	sit oyTH or	*How was it?, what was it like?*
17	Joio	joy-oh	*To enjoy, enjoying*
18	'Nest ti joio fo?	nest tee joy-oh foh	*Did you enjoy it?*
19	Sut oedd o? 'Nest ti joio?	sit oyTH or. nest tee joy-oh	*How was it? Did you enjoy [it]?*
20	'Nest ti joio be' oedd ar y teledu neithwr?	nest tee joy-oh behr oyTH aar a tel-ed-ee nay-thee-or	*Did you enjoy what was on the television last night?*

Uned Wyth Deg Wyth - *Unit Eighty-Eight*

Sitting around... doing nothing... there's the telly... We'd best enjoy these phrases before Alexa does all this for us.

1	Ymlaen	[u]m-la-een	*On, forwards*
2	I ffwrdd	ee fur-TH	*Off, away*
3	On	on	*On*
4	Off	off	*Off*
5	Troi	troy	*To turn, turning*
6	Tro'r	tro-er	*Turn the (command)*
7	tro'r ___ on	tro-er ___ on	*Turn the ___ on*
8	Tro'r ___ off	tro-er ___ off	*Turn the ___ off*
9	(I) lawr	(ee) la-oor	*Down(wards)*
10	(I) fyny	(ee) vuh-nee	*Up(wards)*
11	Tro'r ___ lawr	tro-er ___ la-oor	*Turn the ___ down*
12	Tro'r ___ fyny	tro-er ___ vuh-nee	*Turn the ___ up*
13	Sŵn	soon	*Sound, volume*
14	Tro'r sŵn lawr	tro-er soon la-oor	*Turn the volume down*
15	Teledu / teli	tel-eh-dee / teh-lee	*Television, TV, telly*
16	Tro'r teli off	tro-er teh-lee off	*Turn the telly off*
17	Tro'r sŵr fyny	tro-er soon vuh-nee	*Turn the volume up*
18	Tro'r sŵr lawr neu tro'r teli off	tro-er soon la-oor nay tro-er teh-lee off	*Turn the sound down or turn the telly off*
19	Tro'r teli ymlaen	tro-er teh-lee [u]m-la-een	*Turn the telly on*
20	'Nei di droi'r teli off?	nay dee dro-er teh-lee off	*Will you turn the telly off?*

Uned Wyth Deg Naw - Unit Eighty-Nine

Whoever, whenever, wherever... some good terms to know as we fill in those gaps in our knowledge of chatty Welsh. I'm waffling but, *whatever*!

1	Beth bynnag	beth bun-nag	Whatever
2	Pryd bynnag	preed bun-nag	Whenever
3	Sut bynnag	sit bun-nag	Howsoever
4	Fodd bynnag	vorTH bun-nag	However [as in 'but']
5	Lle bynnag	LLehr bun-nag	Wherever
6	Pwy bynnag	poy bun-nag	Who(so)ever
7	Faint bynnag	va-eent bun-nag	However many/much
8	Beth bynnag fedri di	beth bun-nag ved-ree dee	Whatever you can
9	Pryd bynnag fedri di	preed bun-nag ved-ree dee	Whenever you can
10	Sut bynnag fedri di	sit bun-nag ved-ree dee	How(so)ever you can
11	Fodd bynnag fedri di	vorTH bun-nag ved-ree dee	But you can
12	Lle bynnag fedri di	LLehr bun-nag ved-ree dee	Wherever you can
13	Pwy bynnag fedri di	poy bun-nag ved-ree dee	Whoever you can
14	Faint bynnag fedri di	va-eent bun-nag ved-ree dee	However many/much you can
15	Beth bynnag fedri di 'neud	beth bun-nag ved-ree dee nayd	Whatever you can do
16	Pryd bynnag fedri di fynd	preed bun-nag ved-ree dee vind	Whenever you can go
17	Sut bynnag fedri di ddod	sit bun-nag ved-ree dee THord	How(so)ever you can come
18	Lle bynnag fedri di trïo	LLehr bun-nag ved-ree dee tree-oh	Wherever you can try [it]
19	Pwy bynnag fedri di weld	poy bun-nag ved-ree dee weld	Whoever you can see
20	Faint bynnag fedri di gael	va-eent bun-nag ved-ree dee gaal	However many/much you can get

Uned Naw Deg - *Unit Ninety*

We've encountered **MEDDWL** (*to think*) a few times already, so let's give it one last blast to make sure we all *think* we know it...

#	Welsh	Pronunciation	English
1	Meddwl	meh-THul	To think, thinking
2	Dw i'n meddwl	dween meh-THul	I think
3	Dw i'm yn meddwl	dwim un meh-THul	I don't think
4	O'n i'n meddwl	orn een meh-THul	I was thinking
5	Do'n i'm yn meddwl	dorn eem un meh-THul	I wasn't thinking
6	Ti'n meddwl?	teen meh-THul	Do you think?
7	O't ti'n meddwl?	ort teen meh-THul	Were you thinking?
8	'Nest ti feddwl?	nes tee veh-THul	Did you think?
9	'Nei di feddwl?	nay dee veh-THul	Will you think?
10	(Fe)lly	(veh)-LLee	So, therefore
11	Dw i'm yn meddwl 'lly	dwim un meh-THul LLee	I don't think so
12	O'n i'n meddwl 'lly	orn een meh-THul LLee	I thought so
13	Ti'n meddwl 'lly?	teen meh-THul LLee	Do you think so?
14	'Nes i'm meddwl 'lly	nesh eem meh-THul LLee	I didn't think so
15	'Nest ti'm meddwl 'lly	nes teem meh-THul LLee	You didn't think so
16	Ŵrach	oo-raCH	Maybe, possibly
17	Dw i'n meddwl, ŵrach	dween meh-THul oo-raCH	I think, maybe
18	Ŵrach ond dw i'm yn meddwl 'lly	oo-raCH ond dwim un meh-THul LLee	Maybe but I don't think so
19	O't ti'n meddwl hwnna ŵrach?	ort teen meh-THul hun-nah oo-raCH	Were you thinking that [one] maybe?
20	'Nest ti feddwl hwnna ŵrach, 'lly?	nes tee veh-THul hun-nah oo-raCH LLee	Did you think that [one] maybe, therefore?

Uned Naw Deg Un - *Unit Ninety-One*

Promises, promises, promises. Whether you're planning on keeping them or not, he's how you at least use the term:

1	**Addewid**	ah-THeh-wid	*A promise*
2	**Addo**	ah-THoh	*To promise, promising (verb)*
3	**Dw i'n addo**	dween ah-Thoh	*I promise*
4	**Dw i ddim yn addo**	dwee THim un ah-THoh	*I don't promise*
5	**'Nes i addewid**	nesh ee ah-THeh-wid	*I made a promise*
6	**'Nest ti addewid i fi**	nes tee ah-THeh-wid ee vee	*You made a promise to me*
7	**'Nes i addo**	nesh ee ah-THoh	*I promised*
8	**'Nest ti addo?**	nes tee ah-THoh	*Did you promise?*
9	**'Nei di addo?**	nay dee ah-THoh	*Will you promise?*
10	**Wyt ti'n addo?**	oyt teen ah-THoh	*Do you promise?*
11	**Wyt ti'n addo hwnna?**	oyt teen ah-THoh hun-nah	*Do you promise that?*
12	**'Naeth hi addo i ti?**	na-eeth hee ah-THoh ee tee	*Did she promise you?*
13	**'Nei di addo hwnna?**	nay dee ah-THoh hun-nah	*Will you promise that?*
14	**'Neith hi addo?**	nayth hee ah-THoh	*Will she promise?*
15	**Wyt ti'n medru addo hwnna?**	oyt teen med-ree ah-THoh hun-nah	*Can you promise that?*
16	**Methu**	meh-thee	*To fail, failing, can't*
17	**Dw i methu**	dwee meh-thee	*I can't*
18	**Dw i methu addo**	dwee meh-thee ah-THoh	*I can't promise*
19	**Dw i methu addo hwnna**	dwee meh-thee ah-THoh hwnna	*I can't promise that*
20	**Dw i methu addo hwnna i ti**	dwee meh-thee ah-THoh hun-nah ee tee	*I can't promise that to you*

Uned Naw Deg Dau - Unit Ninety-Two

Shortened from **BASAI'N** or **BYDDAI'N**, **'SA'N** is heard often in speech in any language. Let's see how to use *it would (be)*.

1	'Sa'n	san	It'd (be)
2	'Sa'n neis	san nays	It'd be nice [to]
3	'Sa'n neis gweld	san nays gweld	It'd be nice to see [it]
4	'Sa fo'n	sah vorn	It'd (be)
5	'Sa fo'n neis	sah vorn nays	It'd be nice
6	'Sa fo'n neis gweld	sah vorn nays gweld	It's be nice to see [it]
7	'Sa'n hyfryd	san huv-rid	It'd be lovely
8	'Sa'n hyfryd iawn	san huv-rid ya-oon	It'd be very lovely
9	'Sa'n hyfryd gweld	san huv-rid gweld	It'd be lovely to see [it]
10	'Sa'n hyfryd iawn gweld	san huv-rid ya-oon gweld	It'd be very lovely to see [it]
11	'Sa'n hyfryd iawn gweld hwnna	san huv-rid ya-oon gweld hun-nah	It'd be very lovely to see that
12	'Sa'n hyfryd gweld hwnna efo ti	san huv-rid gweld hun-nah eh-voh tee	It'd be lovely to see that with you
13	'Sa'n hyfryd iawn gweld hwnna efo ti heno	san huv-rid ya-oon gweld hun-nah eh-voh tee heh-noh	It'd be very lovely to see that with you tonight
14	'Sa'n hyfryd cael	san huv-rid kaal	It'd be lovely to get (a/to)
15	'Sa'n hyfryd iawn cael mynd	san huv-rid ya-oon kaal mind	It'd be very lovely to get to go
16	'Sa'n hyfryd iawn cael gweld hwnna	san huv-rid ya-oon kaal gweld hun-nah	It'd be very lovely to get to see that
17	'Sa'n neis iawn ond dw i methu	san nays ya-oon ond dwee meth-ee	It'd be very nice but I can't
18	'Sa fo'n neis iawn ond dw i methu mynd	sah vorn nays ya-oon ond dwee meth-ee mind	It'd be very nice but I can't go
19	'Sa'n neis iawn ond dw i methu dod heno	san nays ya-oon ond dwee meth-ee dord heh-noh	It'd be very nice but I can't come tonight
20	'Sa fo'n neis iawn ond dw i methu dod allan heno	sah vorn nays ya-oon ond dwee meth-ee dord aLL-an heh-noh	It'd be very nice but I can't come out tonight

Uned Naw Deg Pedwar - *Unit Ninety-Four*

BOD can be used for many terms/phrases; from **being** to **that**. Here's another way it's commonly used. To ask how someone or something is, we ask how it's **being**!

#	Welsh	Pronunciation	English
1	Bod	bord	To be, being
2	Be' sy'n...(?)	behr seen	What's...(?)
3	Be' sy'n bod?	behr seen bord	What's the matter?
4	Be' sy'n bod efo ti?	behr seen bord	What's the matter with you?
5	Be' sy'n bod efo nhw?	behr seen bord eh-voh noo	What's wrong with them?
6	Be' sy'n bod efo hi?	behr seen bord eh-voh hee	What's the matter with her?
7	Be' sy'n bod efo Owen?	behr seen bord eh-voh ow-en	What's wrong with Owen?
8	Be' sy'n bod efo Elan a Dylan?	behr seen bord eh-voh eh-lan ah dul-an	What's the matter with Elan and Dylan?
9	Be' sy'n bod efo'r dyn 'na?	behr seen bord eh-vohr deen nah	What's wrong with that man?
10	Be' sy'n bod efo'r car 'ma?	behr seen bord eh-vor car mah	What's the matter with this car?
11	Dim byd	dim beed	Absolutely nothing
12	'Sdim byd yn bod	sdim beed un bord	There's absolutely nothing wrong
13	O gwbl	or gub-ul	At all
14	Dim byd o gwbl	dim beed or gub-ul	Absolutely nothing at all
15	'Sdim byd yn bod o gwbl	sdim beed un bord or gub-ul	There's nothing wrong at all
16	'Sdim byd yn bod efo Dylan	sdim beed un bord eh-voh dul-lan	There's nothing wrong with Dylan
17	'Sdim byd yn bod o gwbl efo Elan	sdim beed un bord or gub-ul eh-voh eh-lan	There's absolutely nothing wrong with Elan
18	'Sdim byd o gwbl yn bod efo Owen	sdim beed or gub-ul un bord eh-voh ow-en	There's absolutely nothing wrong with Owen
19	'Sdim bod o gwbl yn bod efo'r car 'na	sdim beed or gub-ul un bord eh-vor car nah	There's absolutely nothing wrong with that car
20	'Sdim byd o gwbl yn bod efo'r dyn 'ma	sdim beed or gub-ul un bord eh-vor deen mah	There's absolutely nothing at all wrong with this man

Uned Naw Deg Pump - *Unit Ninety-Five*

A *PERFECT* time *TO BE* looking at the verb *TO BE* in the *PERFECT* tense again...

1	'Di bod (yn)	dee bord un	*Have/has been*
2	Mae o 'di bod yn	ma-ee dee bord un	*It's been*
3	Gwych	gweeCH	*Great*
4	Hyfryd	huv-rid	*Lovely*
5	Mae o 'di bod yn wych	ma-ee oh dee bord un weeCH	*It's been great*
6	Mae o 'di bod yn hyfryd	ma-ee oh dee bord un huv-rid	*It's been lovely*
7	Gweld	gweld	*To see, seeing*
8	Gweld chi	gweld CHee	*To see/seeing you*
9	Gweld chi heddiw	gweld CHee heTH-yoo	*To see/seeing you today*
10	Gwych gweld chi	gweeCH gweld CHee	*Great to see/seeing you*
11	Hyfryd gweld chi heno	huv-rid gweld CHee heh-noh	*Lovely seeing you tonight*
12	Mae o 'di bod yn wych gweld	ma-ee oh dee bord un weeCH gweld	*It's been great to see [it]*
13	Mae o 'di bod yn hyfryd gweld	ma-ee oh dee bord un huv-rid gweld	*It's been lovely to see [it]*
14	Mae o 'di bod yn hyfryd gweld chi	ma-ee oh dee bord un huv-rid gweld CHee	*It's been lovely to see you*
15	Mae o 'di bod yn wych gweld chi yma	ma-ee oh dee bord un weeCH gweld CHee uh-mah	*It's been great to see you here*
16	Mae o 'di bod yn hyfryd gweld chi yma heddiw	ma-ee oh dee bord un huv-rid gweld CHee uh-mah heTH-yoo	*It's been lovely seeing you here today*
17	Mae o 'di bod yn wych ac yn hyfryd gweld chi	ma-ee oh dee bord un weeCH ahk un huv-rid gweld CHee	*It's been great and lovely to see you*
18	Mae o 'di bod yn wych gweld pawb heno	ma-ee oh bord un weeCH gweld pa-oob heh-noh	*It's been great seeing everyone tonight*
19	Mae o 'di bod yn hyfryd gweld pawb yma	ma-ee dee bord un huv-rid gweld pa-oob uh-mah	*It's been lovely seeing everyone here*
20	Mae o 'di bod yn wych gweld chi a phawb yma heno	ma-ee oh dee bord un weeCH gweld CHee ah fa-oob uh-mah he-noh	*It's been great to see you and everyone here tonight*

Uned Naw Deg Pump - *Unit Ninety-Five*

Here we'll use our *perfect hearing* to talk about what we were *hearing* (and *have heard*) in the *perfect* tense:

1	Clywed	klow-ed	To hear, hearing
2	Dw i 'di	dwee dee	I have [done something]
3	Dw i 'di clywed	dwee dee klow-ed	I've heard [it]
4	Gen' ti	gen tee	From you, by/with you
5	Clywed gen' ti	klow-ed gen tee	To hear from you
6	Dw i 'di clywed gen' ti	dwee dee klow-ed gen tee	I've heard [it] from you
7	Yn barod	un bah-rod	Already, ready
8	Clywed gen' ti'n barod	klow-ed gen teen bah-rod	To hear from you already
9	Dw i 'di clywed gen' ti'n barod	dwee dee klow-ed gen teen bah-rod heTH-yoo	I've heard from you already
10	Dw i 'di clywed gen' ti'n barod heddiw	dwee dee klow-ed gen teen bah-rod heTH-yoo	I've heard from you already today
11	Gynno fo	gun-noh vor	From him, by/with him
12	Gynni hi	gun-nee hee	From her, by/with her
13	Dw i 'di clywed gynno fo	dwee dee klow-ed gun-noh vor	I've heard from him
14	Dw i 'di clywed gynni hi	dwee dee klow-ed gun-nee hee	I've heard from her
15	Dw i 'di clywed gynno fo'n barod	dwee dee klow-ed gun-noh vorn bah-rod	I've heard from him already
16	Dw i 'di clywed gynni hi'n barod	dwee dee klow-ed gun-nee heen bah-rod	I've heard from her already
17	Mae o 'di bod yn	ma-ee oh dee bord un	It's been
18	Mae o 'di bod yn wych clywed	ma-ee oh dee bord un weeCH klow-ed	It's been great to hear [it]
19	Mae o 'di bod yn wych clywed gen' ti'n barod	ma-ee oh dee bord un weeCH klow-ed gen teen bah-rod	It's been great hearing from you already
20	Mae o 'di bod yn wych clywed gen' ti heddiw	ma-ee oh dee bord un weeCH klow-ed gen tee heTH-yoo	It's been great hearing from you today

Uned Naw Deg Chwech - *Unit Ninety-Six*

The word *'if'* comes up a lot in speech – we live in uncertain times! In Welsh we employ the term **OS** and it's just as easy to use as it is in English.

1	Os	oss	*If*
2	Os dw i'n	oss dween	*If I*
3	Os dw i'n cael	oss dween kaal	*If I get a/to*
4	Os 'na i	oss nah ee	*If I (will [do/make something])*
5	Os 'nes i	oss nesh ee	*If I [did/made something]*
6	Os 'neith hi	oss nayth hee	*If she (will [do/make something])*
7	Os 'naeth o	oss na-eeth oh	*If he [did/made something]*
8	Os 'neith hwnna	oss nayth hun-nah	*If that (will [do/make something])*
9	Os 'naeth hwnna	oss na-eeth hun-nah	*If that [did/made something]*
10	Os dw i'n cael mynd	oss dween kaal mind	*If I get to go, If I'm allowed to go*
11	Os 'na i fynd	oss nah ee vind	*If I('ll) go*
12	Os 'nes i fynd	oss nesh ee vind	*If I went*
13	Os 'neith hi fynd	oss nayth hee vind	*If she('ll) go*
14	Os 'naeth o fynd	oss na-eeth oh vind	*If he went*
15	Os 'neith hwnna fynd	oss nayth hun-nah vind	*If that('ll) go*
16	Os 'naeth hwnna fynd	oss na-eeth hun-nah vind	*If that went*
17	Os 'neith hwnna weithio	oss nayth hun-nah wayth-yoh	*If that('ll) work*
18	Os 'naeth hwnna weithio	oss na-eeth hun-nah wayth-yoh	*If that worked*
19	Os geith o siawns	oss gayth oh sha-uns	*If he gets a chance*
20	Os geith hi ddim siawns	oss gayth hee THim sha-uns	*If she doesn't get a chance*

Uned Naw Deg Saith - *Unit Ninety-Seven*

Let's talk conditional. In this unit we'll look at what would happen *were we to* or *if we were to* do something. *If only…!*

1	Taswn i'n	tah-sun een	Were I (to), if I [was to]
2	Taswn i'n oer	tah-sun een oy-er	If I was cold
3	Taswn i'n oerach	tah-sun een oy-raCH	If I was colder
4	'Swn i'n	sun een	I would (be)
5	'Swn i'n mynd	sun een min-d	I'd go
6	Adre	ad-reh	Home
7	'Swn i'n mynd adre	sun een mind ad-reh	I'd go home
8	Taswn i'n oer, 'swn i'n mynd	tah-sun een oy-er sun een mind	If I was cold, I'd go
9	Taswn i'n oer, 'swn i'n mynd adre	tah-sun een oy-er sun een mind ad-reh	If I was cold, I'd go home
10	Tase'n	tah-sen	If it was/would (be)
11	Tase'n boeth	tah-sen boyth	If it was hot
12	Tase'n boethach	tah-sen boyth-aCH	If it was hotter
13	Tase'n boeth, 'swn i'n mynd adre	tah-sen boyth sun een mind ad-reh	If it was hot, I'd go home
14	Tase'n boethach, 'swn i'n mynd adre	tah-sen boyth-aCH sun enn mind ad-reh	If it was hotter, I'd go home
15	Tase'n oer heno	tah-sen oy-er heh-noh	If it was cold tonight
16	Tase'n boeth 'fory	tah-sen boyth voh-ree	If it's hot tomorrow
17	Tase'n boeth heno, 'swn i'n mynd adre	tah-sen boyth heh-noh sun een mind ad-reh	If it's hot tonight, I'd go home
18	Taswn i'n boeth yma, 'swn i'n mynd adre wedyn	tah-sun een boyth uh-mah sun een mind ad-reh weh-din	If I was hot here, I'd go home after(wards)
19	Tase'n oerach 'fory, 'swn i'n mynd adre	tah-sen oy-raCH voh-ree sun een min-d ad-reh	If it's colder tomorrow, I'd go home
20	Taswn i'n oer yn y bore, 'swn i'n mynd adre wedyn	tah-sun een oy-er un a boh-reh sun een min-d ad-reh weh-din	If it's cold in the morning, I'd go home then

Uned Naw Deg Wyth - Unit Ninety-Eight

I found the term 'usually' to (usually) be rather helpful. Let's have a look at some examples of how it's usually used:

1	Arfer	aa-veh	Usually
2	Arfer 'neud	aa-veh nayd	Usually do/make
3	Be' ti'n arfer 'neud yno?	behr teenaa-veh nayd uh-noh	What do you usually do/make there?
4	Fel arfer	vel aa-veh	As usual, usually
5	Dw i fel arfer yn...	dwee vel aa-veh un	I('m) usually...
6	Be' o' ti'n arfer 'neud yno?	behr or teen aa-veh nayd un-oh	What were usually doing/making there?
7	O'n i'n arfer	or-neen aa-veh	I [was] usually, I used to
8	O'n i'n arfer 'neud	or-neen aa-veh nayd	I used to do/make [it[
9	O'n i'n arfer 'neud hwnna	or-neen aa-veh nayd hun-nah	I used to do/make that
10	O'n i'n arfer iwsio hwnna	or-need aa-veh yooz-yoh hun-nah	I used to use that
11	O'n i'n arfer siarad	or-neen aa-veh sha-rad	I used to speak [it[
12	Arfer efo	ah-veh eh-voh	To be/get used to
13	Dw i 'di arfer efo hwnna	dwee dee ah-veh eh-voh hun-nah	I've gotten used to that
14	Dw i 'di arfer efo hwnna rŵan	dwee dee ah-veh eh-voh hun-nah	I've gotten used to that now
15	Pan	pan	When
16	Pan o'n i'n	pan or-neen	When I was
17	Pan o'n i'n arfer	pan or-neen ah-veh	When I used to
18	Pan o'n i'n iwsio	pan or-neen ah-veh yooz-yoh	When I was using
19	Pan o'n i'n arfer iwsio	pan or-neen ah-veh yooz-yoh	When I used to use
20	O'n i'n arfer siarad Cymraeg pan o'n i'n fach	or-neen aa-veh sha-rad kum-raeeg pan or-neen vahCH	I used to speak Welsh when I was small

Uned Naw Deg Naw - *Unit Ninety-Nine*

This section's not for the faint hearted. For better or worse, the phrases I'm frequently asked to translate for new learners tend to be profanity. Use these are your peril...

1	Ffwc	fwk	Fuck
2	Be'[r] ffwc?	behr fwk	What's the fuck?
3	Be'[r] ffwc ydi hwnna?	behr fwk u-dee hun-nah	What the fuck's that?
4	Be'[r] ffwc ti'n 'neud?	behr fwk teen nay-d	What the fuck [are] you doing?
5	Pam ffwc?	pam fwk	Why the fuck?
6	Pam ffwc ti'n 'neud hwnna?	pam fwk teen nay-d hun-nah	Why the fuck are you doing that?
7	Oedd	oy-TH	was
8	Be'[r] ffwc oedd hwnna?	behr fwk	What the fuck was that?
9	Diawl	dya-ool	Hell [lit. devil]
10	Be' ddiawl?	behr THya-ool	What the hell?, What the devil?
11	Oen	oyn	Lamb
12	Coc oen	kok oyn	Bellend [lit. lamb's cock]
13	Y coc oen	er kok oyn	You bellend [lit. the lamb's cock]
14	Am goc oen	am gok oyn	What a bellend
15	Am ddiawl	am THya-ool	What a devil
16	Y diawl	a dya-ool	You devil [lit. The devil]
17	Cachu	ka-CHee	Shit
18	Am gachu	am ga-CHee	What shit
19	Be' ddiawl ydi'r cachu 'na?	behr THya-ool uh-deer ka-CHee nah	What the hell is that shit?
20	Be' ffwc oedd hwnna, y coc oen?	behr fuk oyTh hun-nah a kok oyn	What the fuck was that, you bellend?

Uned Cant - *Unit One Hundred*

I couldn't think of a more appropriate – and, frankly, more hilarious – way of saying **DIOLCH** for picking up this book and putting your heart into our language.

#	Welsh	Pronunciation	English
1	Diolch	dee-olCH	*Thanks*
2	Yn fawr	un va-oor	*A lot, very much, greatly*
3	Diolch yn fawr	dee-olCH un va-oor	*Thanks a lot*
4	I chi	ee CHee	*To you, for you*
5	Diolch i chi	dee-olCH ee CHee	*Thank you*
6	Diolch yn fawr i chi	dee-olCH un va-oor ee CHee	*Thank you very much*
7	Diolch yn fawr iawn i chi	dee-olCH un va-oor ya-oon ee CHee	*Thank you very much*
8	Am	am	*For, about*
9	Am ddarllen	am THaa-LLen	*For reading*
10	Diolch am ddarllen	dee-olCH am THaa-LLen	*Thanks for reading*
11	Diolch yn fawr am ddarllen	dee-olCH un va-oor am THaa-LLen	*Thanks a lot for reading [it]*
12	Diolch i chi am ddarllen	dee-olCH ee CHee am THaa-LLen	*Thank you for reading [it]*
13	Diolch yn fawr i chi am ddarllen	dee-olCH un va-oor ee CHee am THaa-LLen	*Thank you very much for reading [it]*
14	Fy	vuh	*My*
15	Llyfr	LLiv-er	*A book*
16	Fy llyfr	vuh LLiv-er	*My book*
17	Darllen fy llyfr	daa-LLen vuh LLiv-er	*Reading my book*
18	Diolch am ddarllen fy llyfr	dee-olCH am THaa-LLen vuh LLiv-er	*Thanks for reading my book*
19	Diolch i chi am ddarllen fy llyfr	dee-olCH ee CHee am THaa-LLen vuh LLiv-er	*Thank you for reading my book*
20	Diolch yn fawr iawn i chi am ddarllen fy llyfr	dee-olCH un va-oor ya-oon ee CHee am THaa-LLen vuh LLiv-er	*Thank you very much for reading my book*

NODIADAU | Notes

NODIADAU | Notes

NODIADAU | Notes

NODIADAU | Notes

NODIADAU | Notes

Printed in Great Britain
by Amazon